Un détail nazi dans la pensée de Carl Schmitt

INTERVENTION PHILOSOPHIQUE

Collection dirigée par Yves Charles Zarka

Directeur de recherche au CNRS

Yves Charles Zarka

Un détail nazi dans la pensée de Carl Schmitt

La justification des lois de Nuremberg du 15 septembre 1935

suivi de deux textes de Carl Schmitt

traduits de l'allemand par Denis Trierweiler

« La Constitution de la liberté » (1er octobre 1935)

« La législation national-socialiste
et la réserve de l' “ordre public”
dans le droit privé international » (28 novembre 1935)

PRESSES UNIVERSITAIRES DE FRANCE

DU MÊME AUTEUR

LIVRES

La décision métaphysique de Hobbes, Paris, Vrin, 1987; 2e éd., 1999.

Hobbes et la pensée politique moderne, Paris, PUF, 1995; 2e éd. en poche, 2000. Traduit en espagnol, italien, allemand, catalan et roumain.

Philosophie et politique à l'âge classique, Paris, PUF, 1998.

La questione del fondamento nelle dottrine moderne del diritto naturale, Naples, Editoriale Scientifica, 2000.

L'Autre voie de la subjectivité, Paris, Beauchesne, 2000. Traduit en italien, en catalan et en espagnol.

Hobbes : The Amsterdam Debate, Georg Olms Verlag AG, Hildesheim, 2001. Yves Charles Zarka and Quentin Skinner, edited and introduced by Hans Blom.

Figures du pouvoir : études de philosophie politique de Machiavel à Foucault, Paris, PUF, 2001; 3e éd., 2001. Traduit en espagnol.

Quel avenir pour Israël ? (entretien avec S. Ben-Ami), Paris, PUF, 2001. Traduit en espagnol, en portugais et en hébreu.

Entretien d'Yves Charles Zarka avec Shlomo Ben-Ami, avec la collaboration de Jeffrey Barash et Elhanan Yakira.

Difficile tolérance, Paris, PUF, 2004.

Contre Carl Schmitt, Paris, PUF, à paraître.

DIRECTION D'OUVRAGES COLLECTIFS

Thomas Hobbes : philosophie première, théorie de la science et politique, Paris, PUF, 1990, en coll. avec Jean Bernhardt.

Hobbes et son vocabulaire, Paris, Vrin, 1991.

L'Interpretazione nei secoli XVI e XVII, Milano, Franco Angeli, 1993, en coll. avec Guido Canziani.

Raison et déraison d'État, Paris, PUF, 1994.

L'individuo nel pensiero moderno (secoli XVI-XVII), 2 vol., Pisa, Edizioni ETS, 1995, en coll. avec Gian Mario Cazzaniga.

Jean Bodin : nature, histoire, droit et politique, Paris, PUF, 1996.

La recherche philosophique en France, ministère chargé de l'Enseignement supérieur et de la Recherche, en coll. avec Pierre Magnard.

The Cambridge Platonists in Philosophical Context, Dordrecht, Kluwer, 1997, en coll. avec John Rogers et Jean-Michel Vienne.

Aspects de la pensée médiévale dans la philosophie politique moderne, Paris, PUF, 1999.

Potentia Dei : l'onnipotenza divina nel pensiero dei secoli XVI e XVII, Milano, Franco Angeli, 2000, en coll. avec Guido Canziani et Miguel A. Granada.

Machiavel : Le Prince ou le nouvel art politique, Paris, PUF, 2001, en coll. avec Thierry Menissier.

Comment écrire l'histoire de la philosophie ?, Paris, PUF, 2001.

Penser la souveraineté à l'époque moderne et contemporaine, Pise-Paris, ETS-Vrin, 2002, 2 vol., en coll. avec Gian Mario Cazzaniga.

Fondements philosophiques de la tolérance, 3 vol., 2002, en coll. avec F. Lessay et J. Rogers.

Faut-il réviser la loi de 1905 ? La séparation entre religions et État en question, Paris, PUF, 2005.

ISBN 2 13 055027 4

Dépôt légal — 1re édition : 2005, avril

« Au cours de la mise en œuvre des projets pour la solution finale, les lois de Nuremberg doivent en quelque sorte en former le fondement. »

Protocole (26 janvier 1942)
de la conférence de Wannsee
(20 janvier 1942).

« Ce sont les idées qui conduisent aux ténèbres que j'appelle meurtrières. »

Y C Z.

Je tiens à adresser mes remerciements les plus vifs à mes collègues et amis Denis Trierweiler et Nicolas Tertulian pour leur soutien sans faille et pour leur aide intellectuelle généreuse aux différents moments de la rédaction de cet ouvrage. Je remercie également Dominique Séglard pour les conversations que nous avons eues sur Schmitt.

J'exprime ma reconnaissance à Stéphane Rials pour ses prises de position courageuses et ses encouragements en période de tempête.

Il me faut dire également toute ma reconnaissance à Michel Prigent, président du directoire des Presses Universitaires de France, pour son soutien dans l'épreuve et pour son accueil de cet ouvrage imprévu.

INTRODUCTION

Les idées meurtrières

Cet ouvrage ne concerne ni la totalité de la production intellectuelle de Carl Schmitt, ni même l'ensemble de ses positions et de ses textes pendant le nazisme[1]. Il n'est question ici que d'un épisode particulier, mais particulièrement significatif, de son engagement dans le nazisme : la justification juridique qu'il tente de donner des lois de Nuremberg du 15 septembre 1935, en particulier dans deux textes[2]. Le premier date du 1er octobre 1935, il est publié dans sa revue *Deutsche Juristen Zeitung* et a pour titre « Die Verfassung der Freiheit » (« La Constitution de la liberté »). Le second a pour titre « Die nationalsozialistische Gesetzgebung und der Vorbehalt des "ordre public" im Internationalen Privatrecht » (« La législation national-socialiste et la réserve de l' "ordre public" dans le droit privé international ») a fait l'objet d'une conférence donnée à Berlin, le 28 novembre 1935, à l'occasion de la Session de l'International Law Association[3]. Ces textes sont donc, le premier, une justification des lois de Nuremberg sur le plan du droit public et, le second, une justification de ces mêmes lois sur le plan du droit international privé. Ils sont d'une grande importance, d'une part pour

1. L'ensemble des positions et écrits de Carl Schmitt avant, pendant et après le nazisme fait l'objet d'un autre livre, beaucoup plus ample, que je rédige actuellement, et qui aura pour titre *Contre Carl Schmitt.*

2. Ces deux textes sont publiés dans la traduction française de Denis Trierweiler dans la deuxième partie du présent ouvrage.

3. Ce texte a été publié par Hans Frank in *Zeitschrift der Akademie für Deutsches Recht,* cahier 3, 1936.

...er ...achter

Preis 15 Pfg.

...us

— Weitere

...österreichischen Alpen ...n Wien aufhält, mit ... als Fremdenführer

...n sie an einem Zel... Gast äußerte seinem ...ler als gewöhnlich ... hier in Wien eine ...ittag verkaufe. Diese ...nnte und sich Stadt... Dieser Jude pöbelte ...ie er dazu kam, an. ... Wachmann herbei.

Die deutschen Intellektuellen

Von Prof. Dr. Carl Schmitt, Universität Köln

Heute sitzen Hunderte von „deutschen Intellektuellen" im Ausland und hetzen zum Krieg gegen das deutsche Volk. Den Landes- und Volksverrat, den sie jahrzehntelang heimlich und getarnt betrieben haben, treiben sie jetzt öffentlich vor aller Welt. Die meisten von ihnen haben noch die deutsche Staatsangehörigkeit und können sich insofern noch Deutsche nennen. Ob es zweckmäßig wäre, ihnen diese Staatsangehörigkeit durch ein Gesetz abzuerkennen, ist eine — vielleicht nicht einmal wichtige — Frage für sich. Daß sie sich der deutschen Sprache bedienen, macht sie nicht mehr zu Deutschen, wie die Fälschung deutschen Geldes den Falschmünzer zum Deutschen macht. Zum deutschen Volk haben sie niemals gehört.

Aber auch nicht zum deutschen Geist. Selbst wenn sie deutschen Akademien oder Universitäten angehörten, begründete das keine Art- und Wesensverwandtschaft. Als die deutsche Studentenschaft gegen den undeutschen Geist protestierte und den widerdeutschen Schmutz verbrannte, flogen nur Bücher und Schriften von Intellektuellen ins Feuer. Ihre Trennung vom deutschen Geist ist also heute offenkundig geworden. Sind sie vielleicht trotzdem noch deutsche Intellektuelle? Gibt es

Note : cf. ci-dessous l'analyse, p. 40-41.

mesurer la profondeur de l'implication de Carl Schmitt dans le régime nazi, dans le registre juridique qui était le sien, d'autre part pour analyser le mode selon lequel les pires lois du nazisme ont fait l'objet de procédures d'accréditation théorique visant à les justifier, c'est-à-dire à les rendre présentables, acceptables, relevant d'un ordre ordinaire des choses, non seulement pour un public non averti mais aussi pour des juristes professionnels.

Les lois de Nuremberg furent en effet l'introduction dans la législation allemande de l'idéologie raciste et discriminatoire de Hitler et du parti national-socialiste. Après la suspension des libertés ainsi que des droits individuels et collectifs, en réaction à l'incendie du Reichstag, le 27 février 1933, suspension entérinée le 28 février par le décret d'urgence « pour la protection du peuple et de l'État », qui fit du régime nazi un état d'exception permanent, les lois de Nuremberg de septembre 1935 mirent en place les principes juridiques d'un racisme d'État au motif de protéger le sang allemand du citoyen allemand contre la dégradation, la contagion, la souillure dont la « race juive » était, selon les nazis, le vecteur[1]. On imagine facilement l'importance de ces lois dans l'établissement du totalitarisme nazi et dans les étapes de la réalisa-

1. Les lois de Nuremberg s'inséraient dans un programme plus vaste de « purification du sang allemand ». Elles ne furent donc pas les premières lois eugénistes, une loi du 14 juillet 1933 « sur la prévention de la descendance souffrant de tares héréditaires » prévoyait déjà la stérilisation, la castration, voire l'éradication de toute population considérée comme inutile, nocive, biologiquement inapte. Comme l'indique Franz Neumann, dès 1941, dans son livre d'une lucidité exemplaire *Behemoth. The Structure and Practice of National Socialism* (ouvrage publié en 1942, puis en 1944 avec un appendice par Oxford University Press, traduction française sous le titre de *Béhémoth. Structure et pratique du national-socialisme,* Paris, Payot, 1987, p. 117) : la loi du 14 juillet 1933 « autorise la stérilisation en cas : 1 / d'imbécillité héréditaire, 2 / de schizophrénie, 3 / de folie dépressive, 4 / d'épilepsie héréditaire, 5 / de danse de Saint-Guy, 6 / de cécité héréditaire, 7 / de surdité héréditaire, 8 / de déformation physique grave ». Mais Franz Neumann note également la différence qui intervient avec les lois de Nuremberg, lesquelles, au-delà de l'inaptitude biologique ou du handicap physique ou mental, définissent, d'une part, la citoyenneté en termes raciaux et, d'autre part, l'ennemi par excellence, l'ennemi de race, le Juif, ce qui est tout autre chose. Cf. également Raul Hilberg, *The Destruction of European Jews,* 1985 (trad. franç., *La destruction des Juifs d'Europe,* Paris, Arthème Fayard, 1988) ; nous citerons cet ouvrage fondamental dans la collection « Folio », Gallimard, 1991, 2 vol.

tion de la plus grande barbarie sanguinaire de l'histoire de l'humanité : discrimination, restriction des libertés, persécution, expropriation, concentration, extermination. Il ne s'agit évidemment pas de dire que tout était déjà en place dès 1935 et que la suite des événements pouvait s'en déduire nécessairement. La plupart des historiens s'accordent aujourd'hui sur le fait que les nazis ont progressivement, et selon les circonstances, inventé des manières nouvelles de réaliser le programme ancien d'élimination des Juifs : expulsion, concentration, extermination. Si Hitler a énoncé sa volonté de détruire les juifs dès 1919, c'est-à-dire bien avant la rédaction de *Mein Kampf*[1], ce projet va donner lieu à différentes voies de réalisation successives. La solution finale ne prendra la forme d'un programme systématique d'extermination qu'à l'issue d'événements comme les émeutes sanglantes de 1938, l'échec des projets d'expulsion et, surtout, la barbarie et les massacres de Juifs pendant l'occupation de la Pologne et l'invasion de l'Union soviétique. On peut cependant dire que les lois de Nuremberg fournissaient un cadre décisif qui, quelles que soient les difficultés qui seront rencontrées dans l'application – en ce qui concerne en particulier les *Mischlinge,* les sang-mêlé, les métissés de Juif –, va présider à toutes les procédures de séparation, discrimination, concentration, destruction finale. Ce n'est évidemment pas un hasard si la référence explicite aux lois de Nuremberg se trouve dans le Protocole de la conférence de Wannsee (20 janvier 1942), convoquée

1. Cf. Ian Kershaw, *Hitler,* 2 vol., *1889-1936 : Hubris, 1936-1945 : Nemesis,* trad. franç., Paris, Flammarion, 1999, vol. 1, p. 811 : « Quelles que fussent les considérations tactiques, le but de Hitler restait le même : depuis 1919, son idée politique centrale était de détruire les Juifs. » Cf. également Mark Roseman, *The Villa, the Lake, the Meeting,* Londres, Penguin Press, 2002, trad. franç. *Ordre du jour Génocide, le 20 janvier 1942,* Paris, Éd. Louis Audibert, p. 23 : « Le but suprême, écrivit Hitler dès 1919, doit être l'expulsion totale des Juifs » ; *ibid.,* p. 22 : « Dans *Mein Kampf* et dans ses discours, il parle d' "exterminer" *(Vernichtung)* et même de gazer les Juifs ; l'issue de la Première Guerre mondiale aurait sans doute été autre, disait-il, si, au front, à la place des soldats, 10 000 ou 15 000 Hébreux de premier plan avaient été exposés aux gaz asphyxiants. » Cependant, Mark Roseman répond négativement à la question : « Hitler avait-il [dès cette époque] vraiment en tête un projet de génocide et était-il prêt à l'appliquer dès qu'il le pourrait ? » *(ibid.).* Le projet effectif du génocide s'est construit par étapes, progressivement.

par Heydrich, avec un mandat de Göring : « Au cours de la mise en œuvre des projets pour la solution finale, les lois de Nuremberg doivent en quelque sorte en former le fondement, mais la condition d'une liquidation du problème sans laisser de trace passe également par la résolution des questions relatives aux mariages mixtes et aux *Mischlinge.* »[1] Cette conférence de Wannsee intervenait dans le prolongement du processus d'extermination, qui avait commencé l'année précédente, en vue d'établir le plan à venir de la destruction projetée de 11 millions de Juifs. Raul Hilberg a parfaitement montré comment les lois de Nuremberg[2], dans leur fonction de définition du Juif et de détermination de la victime, constituent le premier pallier à partir duquel s'enchaîneront les autres jusqu'au plan de la solution finale :

« Le processus de destruction se déroulera selon un schéma définissable – ce qui ne signifie pas qu'il ait correspondu à un plan préétabli. [...] La destruction fut une opération poursuivie pas à pas ; rares furent les cas où le fonctionnaire pouvait voir plus loin que le but de l'étape en cours. Les stades du processus ne s'ordonnèrent pas moins en une suite précise. On commença par élaborer la définition du juif ; puis on engagea les procédures d'expropriation, puis la concentration dans des ghettos ; enfin la décision fut prise d'anéantir tous les Juifs d'Europe. »[3]

1. « Protocole de la conférence de Wannsee, 20 janvier 1942 », texte en fac-similé et traduction de Christine Syren, in *Savoir la Shoah,* coordonné par Jean-Michel Lecomte, CNDP de Bourgogne, 1998, p. 171. « Au cours de la solution finale de la question juive en Europe, seront à prendre en considération environ 11 millions de Juifs, répartis comme suit dans les différents pays [suit le tableau des pays et du nombre de Juifs qu'il convient d'exterminer dans chacun d'entre eux] » (*ibid.,* p. 161). « Au cours de l'exécution pratique de la solution finale, l'Europe sera passée au peigne fin d'ouest en est. L'opération débutera sur le territoire du Reich, y compris les protectorats de Bohême et de Moravie, à cause de la situation du logement et de la spécificité sociopolitique du Reich. Les Juifs évacués passeront d'abord, convoi par convoi, par des ghettos de transit, et de là seront transportés plus loin à l'est » (*ibid.,* p. 167).

2. « En comparaison des émeutes sanglantes de 1938, la définition du Juif peut faire figure de mesure relativement anodine. En réalité, elle était de beaucoup plus grande portée car la définition de la victime constituait une condition préliminaire indispensable à l'action ultérieure » (Raul Hilberg, *La destruction des Juifs d'Europe, op. cit.,* vol. 1, p. 52).

3. *Ibid.,* p. 51.

On s'arrêtera donc ici à la contribution de Carl Schmitt à l'étape de la définition du Juif, de la « race juive »[1], dont nous venons de voir l'enjeu central dans l'histoire du régime nazi. Or, nous le verrons ci-dessous plus amplement, l'intérêt qu'il porte aux lois de Nuremberg n'est pas seulement extérieur et accidentel, mais interne et nécessaire. Ces lois avaient en effet pour objet de définir non pas simplement les individus inutiles ou inaptes, mais avant toute chose l'*ennemi*. L'introduction de l'idéologie raciste dans la législation avait pour objet de fournir une détermination aussi précise que possible de l'ennemi intérieur et de l'ennemi extérieur. Schmitt ne pouvait y rester indifférent étant donné la place qu'il accorde dans son ouvrage de 1932, *Le concept de politique,* à la définition de l'ennemi. Comme l'écrit Habermas : « Le politique, chez lui [*i.e.* Schmitt], ne révèle nullement son essence à travers le caractère d'obligation propre aux décisions de l'autorité étatique, mais se manifesterait bien plutôt dans l'affirmation de soi collectivement organisée d'un peuple "ayant une existence politique" vis-à-vis de ses ennemis exté-

1. Je montre, dans mon ouvrage à paraître *Contre Carl Schmitt,* que Schmitt ne s'est pas contenté de contribuer théoriquement à l'étape de la définition, il a également contribué entre autres choses à l'étape de marquage en anticipant les mesures que l'État nazi ne mettra en pratique que plus tard. Ainsi, en 1938, les Juifs seront contraints d'ajouter à leur prénom Sara ou Israël. Or, dès 1936, Schmitt, dans son discours de clôture, intitulé « La science allemande du droit dans sa lutte contre l'esprit juif » (le texte en est publié dans la revue *Cités,* n° 14, 2003, p. 173-180), au Congrès des professeurs d'université de la Fédération nationale-socialiste des défenseurs du droit, qui eut lieu les 3 et 4 octobre 1936 sur le thème « Le judaïsme dans la science du droit », invente le principe de purification raciale appliqué aux textes. Toute référence à un auteur juif quel qu'il soit doit être, dit Schmitt, évitée, mais si ce n'est pas possible il faut que le nom de l'auteur soit suivi de l'adjectif « juif » pour en marquer l'origine raciale « Pour nous, dit Schmitt, un auteur juif, si tant est qu'on le cite, est un auteur juif. Ajouter le mot et la désignation "juif" est non pas une chose formelle mais essentielle, parce que nous ne pouvons empêcher que l'auteur juif se serve de la langue allemande. La purification de notre littérature juridique serait sinon impossible » (*Cités,* art. cité, p. 175). Dans son ouvrage de 1938, *Der Leviathan in der Staatslehre des Thomas Hobbes* (Stuttgart, Klett-Cotta, 2003), traduit en français par Denis Trierweiler sous le titre *Le Léviathan dans la théorie de l'État de Thomas Hobbes* (trad. franç., Paris, Le Seuil, 2002), il mettra en pratique lui-même le marquage des Juifs : « un savant juif, Leo Strauss » (p. 79), « le premier Juif libéral... Spinoza » (p. 117), « le Juif Moses Mendelssohn » (p. 121), « Stahl-Jolson travaille là dans l'optique de son peuple, dans la duplicité d'une existence masquée... » (p. 131).

rieurs et intérieurs. »[1] Celui qui écrit, en 1932, que l'essence du politique réside dans le conflit poussé à l'extrême jusqu'à ouvrir la possibilité réelle de la mise à mort physique d'un homme, pense le politique en fonction d'un péril interne et externe et corrélativement d'un ennemi interne et externe. L'ennemi fait partie de l'essence du politique. Voici le commentaire qu'en donne Franz Neumann dès 1941 :

« La politique, disait Schmitt, est une relation d'ami à ennemi. En dernière analyse, l'ennemi est quiconque doit être exterminé physiquement. En ce sens, tout rapport humain peut devenir politique, car tout adversaire peut se transformer en ennemi susceptible d'élimination physique [...]. C'est là une doctrine de la force brutale sous sa forme tranchée, qui se dresse contre tout élément et toute action de la démocratie libérale, et contre toute notre conception traditionnelle du règne du droit. »[2]

Telle est donc la raison pour laquelle Schmitt s'est immédiatement intéressé à la caractérisation juridique de l'ennemi public, à la première législation qui désigne l'ennemi. Mais ce n'est pas tout. Car l'ennemi par excellence pour le national-socialisme et pour Schmitt, c'est le Juif. Celui-ci rassemble en lui à la fois le péril interne et le péril externe. Il permet un rassemblement sur soi de la société et justifie une politique d'expansion. Sur ce point également, Franz Neumann a été très tôt clairvoyant sur Schmitt : « Carl Schmitt a soutenu que la politique est une lutte contre un ennemi qu'il faut exterminer. Cette thèse est valable si la société est agressive. Le Juif constitue l'ennemi nouveau. En accumulant toute la haine, toute la rancune, toute la misère sur un seul ennemi facilement exterminable sans qu'il puisse résister, la société aryenne peut être intégrée et former un tout. »[3] Cependant, il faut bien noter que le Juif ne peut assumer ce rôle que parce qu'il n'est pas un ennemi ordinaire, il relève d'une catégorie

1. Jürgen Habermas, « Les affres de l'autonomie : Carl Schmitt en anglais », in *Écrits politiques*, Paris, Cerf, 1990, p. 127-128.
2. Franz Neumann, *Béhémoth. Structure et pratique du national-socialisme*, *op. cit.*, p. 59.
3. *Ibid.*, p. 129.

différente qui comporte quelque chose de plus, quelque chose d'autre. Cette nouvelle figure de l'ennemi, Schmitt voit bien que les lois de Nuremberg en fournissent la définition : c'est ce que j'appelle l'ennemi substantiel. Nous verrons que cette catégorie fonctionne dans les textes de Schmitt, tout en restant innommée. L'apologie – car il s'agit bien de cela – des lois de Nuremberg, de sinistre mémoire, est chez Schmitt tout à fait autre chose que l'effet d'une complicité ponctuelle, elle engage sur un point fondamental sa pensée du politique. C'est pourquoi les deux textes de justification par Schmitt de ces lois permettent d'ouvrir une triple investigation.

Premièrement, ils permettent de mesurer le degré d'implication de Schmitt dans le régime nazi. Ils permettent par conséquent de rejeter la thèse rabâchée à l'envi par ceux qui (intellectuels, universitaires, journalistes, etc.) entendent aujourd'hui encore, aujourd'hui surtout, nous faire accroire que l'engagement de Schmitt n'a été qu'un passage, certes critiquable mais sans véritable conséquence, et dont l'essentiel de sa pensée sort indemne. L'adhésion de Schmitt au nazisme a été si consciente et profonde qu'il n'est pas possible d'étudier ses textes juridico-politiques, même ceux qui ont été écrits en amont ou en aval du nazisme, en mettant entre parenthèses son engagement en faveur des principes nazis et la caution qu'il a apportée aux pires lois du régime de Hitler. Certes un intellectuel peut se tromper, un professeur d'université peut se fourvoyer un temps ou un juriste se laisser griser par la prise du pouvoir d'un homme ou d'un parti sans que l'on doive pour autant considérer l'ensemble de ce qu'il a écrit comme devant être interprété en fonction de cette période. Cependant, il faut tenir compte du fait que Schmitt n'a jamais critiqué ses options de la période nazie et qu'il a au contraire tout fait pour leur fournir une justification *a posteriori*. En outre, il a souvent repris sur bien des points, après le nazisme, en les infléchissant, les conceptions qui étaient les siennes pendant le nazisme. Nous sommes donc en présence d'une configuration qui ne saurait se satisfaire d'une mise entre parenthèses de la période nazie comme un accident dans la vie d'un professeur de droit qui, comme beaucoup d'autres, se serait laissé fasciner par un régime barbare. Ce n'est pas par hasard que Schmitt est devenu si profondément nazi. Avant, sa pensée l'y conduisait. Après, sa pensée l'y maintiendra, au moins en partie.

Deuxièmement, ils permettent d'ouvrir le dossier des convergences entre les conceptions politiques de Schmitt et le caractère du régime nazi. Nous venons de donner quelques indications au sujet de la notion de l'ennemi. Cette notion, Schmitt l'a forgée avant la prise du pouvoir par Hitler et pourtant elle comporte une convergence avec le statut de l'ennemi dans les lois de Nuremberg. Le concept de politique chez Schmitt ne peut convenir, comme le notait F. Neumann, qu'à une « société agressive », laquelle converge avec la société telle qu'elle fut conçue et forgée par le national-socialisme. Mais il faudrait aller beaucoup plus loin et montrer que les notions de décision, d'état d'exception, de dictature fournissent une constellation théorique qui converge avec l'État nazi, bien que ces notions aient été formées bien avant le nazisme. Convergence ne signifie pas ici simplement rencontre, mais aussi implication réciproque, causalité mutuelle, unité de direction[1]. Tout se passe comme si nous avions d'un côté les cadres théoriques et de l'autre l'exemplification pratique plus ou moins exacte, mais aussi, à l'inverse, la mise en évidence de nouvelles implications théoriques par la pratique du national-socialisme.

Troisièmement, enfin, l'analyse de la justification schmittienne des lois de Nuremberg devrait nous permettre d'aller plus loin encore, vers la mise en évidence des procédures rhétoriques, stylistiques, mais aussi conceptuelles et théoriques par lesquelles une pensée, à un moment donné, accrédite – ou tente de le faire –, c'est-à-dire rend compréhensibles, acceptables, voire souhaitables pour une population donnée – selon qu'elle est large ou restreinte, ignorante ou savante, les moyens changent, mais pas l'objectif – la barbarie, l'ignominie, l'infamie. On ne remarque pas suffisamment la

1. Je reviendrai prochainement sur cette notion de convergence dans mon livre *Contre Carl Schmitt*.

puissance des idées ou des idéologies, des idées dans les idéologies qui frayent parfois la voie non vers la lumière mais vers les ténèbres. Ce sont les idées qui conduisent aux ténèbres que j'appelle meurtrières.

Vers les ténèbres, parce que l'entrée du Juif dans la législation nazie conditionne paradoxalement sa sortie hors de tout droit positif. En effet, l'ennemi défini, marqué, exproprié, affamé, enfermé dans des camps par des mesures « légales » est précisément celui qui est exclu de tout droit, exclu de l'humain même. L'ennemi de race ne peut être amélioré ou changé, il doit donc être éliminé, éradiqué, exterminé. La désignation de l'ennemi de race dans la législation nazie comporte déjà l'exigence de sa destruction. La justification par Schmitt des lois de Nuremberg, dans la mesure où elle avait pour fonction de rendre crédible, acceptable la figure de l'ennemi de race, contribue à ouvrir la voie à ce qui allait devenir réel par la suite : la transformation en sous-hommes d'une catégorie d'hommes à l'égard desquels aucune des catégories de la dignité, du respect, de la pitié ou de la compassion ne pouvait convenir, et dont la destruction était le seul avenir. Dans une conception délirante de la guerre des races qui oppose la race aryenne à la race juive pour la domination de la terre, il ne peut y avoir de répit avant que l'une des races l'emporte et l'autre soit exterminée.

La justification des lois de septembre 1935, dans la mesure où elle tend à rendre acceptable l'inacceptable et justifiable l'injustifiable, appartient au genre des productions intellectuelles meurtrières.

Les textes sur les lois de Nuremberg ne sont qu'un moment dans la convergence, la compromission, la complicité de Schmitt avec le nazisme. Je me contenterai d'en fixer ici quelques étapes importantes.

Carl Schmitt est déjà un juriste important, réputé et redouté lorsqu'il entre au parti national-socialiste le 1er mai 1933. À partir de ce moment il va occuper une place éminente au sein des instances juridico-politiques du nazisme. Le 11 juillet de la même année, Göring le nomme au Conseil d'État de la Prusse où il siège à côté de Himmler, Robert Ley et d'autres dignitaires nazis. En octobre 1933, il devient professeur titulaire de la chaire de droit public de l'Université de Berlin, qu'il conservera jusqu'à la fin de la guerre. L'année 1933 est particulièrement prolixe en production de textes de justifications juridiques du régime qui se met en place. En décembre, il publie un essai, *État, mouvement, peuple*[1], où le peuple est entendu au sens d'une communauté raciale. Cet essai suit de près la promulgation de la loi sur « la garantie de l'unité du parti et de État ». Il a été très apprécié par les hauts dignitaires du nazisme, à commencer par Ludwig Grauert, secrétaire d'État au ministère prussien de l'Intérieur. Roland Freisler, personnage très en vue du droit nazi, lui a consacré un article élogieux dans la revue *Deutsche Justiz* (1934).

En 1934, Schmitt est en pleine ascension dans la hiérarchie nazie. On lui confie la direction de la *Deutsche Juristen Zeitung*, l'organe officiel du droit national-socialiste où il publie de nombreux articles qui cautionnent les pires lois nazies. En 1934, il publie un article intitulé « Le Führer protège le droit » qui cautionne Hitler après la sanglante « Nuit des longs couteaux » (30 juin 1934). Voici ce qu'il écrit : « Le Führer met vraiment à exécution les enseignements tirés de l'histoire allemande. Cela lui donne le droit et la force pour fonder un nouvel État et un ordre nouveau. Le Führer protège le droit contre le pire usage abusif, au moment du péril, il légifère directement en vertu de sa qualité de Führer et de l'autorité judiciaire suprême. »[2] En 1935, il publie les deux justifications des lois de Nuremberg qui sont au centre du présent ouvrage, en particulier *Die nationalsozialistische Gesetzgebung und der Vorbehalt des « ordre public » im Internationalen Privatrecht*, où le juriste soutient expressément la défense du « sang allemand du citoyen allemand ».

1. Ce texte a été publié en traduction française par Agnès Pilleul, Paris, Kimé, 1997.

2. Carl Schmitt, « Le Führer protège le droit. À propos du discours d'Adolf Hitler au Reichstag du 13 juillet 1934 », trad. Mira Köller et Dominique Séglard, in *Cités*, n° 14, 2003, p. 166.

En 1936, il prononce une conférence de clôture au Congrès de professeurs d'université de la Fédération national-socialiste des défenseurs du droit des 3 et 4 octobre 1936 sur le thème « Le judaïsme dans la science du droit ». Sa conférence avait pour titre « La science allemande du droit dans sa lutte contre l'esprit juif »[1] ; c'est dans ce texte qu'il met en place le principe de purification raciale appliqué aux productions intellectuelles et à la littérature juridique en particulier. Le texte se termine sur une citation de *Mein Kampf* : « En me défendant contre le juif, je lutte pour l'œuvre du Seigneur. »[2] Contrairement à une légende tenace, Carl Schmitt ne perd nullement toute fonction officielle à partir de 1936. Il garde ses fonctions de professeur de droit public et surtout la protection de Hermann Göring. Certes, la revue des SS *Das Schwarze Korps* lui adresse des critiques. Celles-ci ne sont que le produit des luttes entre les différentes tendances du pouvoir nazi. Mais son activité en faveur de la politique du IIIe Reich se poursuit longtemps après 1936.

1938, année noire s'il en fut. C'est l'année de l'annexion de l'Autriche, celle de l'accord de Munich. Deux événements dont on sait les conséquences sur le développement des ambitions de Hitler. C'est aussi l'année de la « Nuit de cristal » au cours de laquelle la persécution des juifs atteint un sommet (malheureusement provisoire) : destructions de synagogues et de magasins juifs, vols, pillages, horribles agressions et meurtres d'enfants, de femmes et d'hommes. Cette violence aveugle de novembre 1938 est encouragée par le gouvernement du Reich qui arrête 35 000 Juifs, dont une partie est envoyée au camp de concentration de Dachau. Or c'est précisément en 1938 que Schmitt publie son ouvrage *Le Léviathan dans la doctrine de l'État de Thomas Hobbes.* Celui-ci comporte une interprétation à plusieurs niveaux de la théorie hobbesienne de l'État, à partir de la figure mythique du Léviathan, tirée de la Bible (chap. 40 et 41 du livre de

1. Carl Schmitt, « La science allemande du droit dans sa lutte contre l'esprit juif », trad. Mira Köller et Dominique Séglard, in *Cités*, n° 14, 2003, p. 173-180.
2. *Ibid.*, p. 180.

Job). Or cette interprétation est liée à une lecture antisémite de l'histoire politique occidentale. Deux exemples parmi bien d'autres. 1 / Lorsqu'il examine les interprétations juives, en particulier kabbalistiques de la figure du Léviathan, Schmitt en tire la conclusion suivante : « Mais les Juifs se tiennent à distance et observent comment les peuples de la terre s'entre-tuent ; à leurs yeux ces pratiques "d'égorgement et d'abattoir" réciproques sont conformes à la loi, et elles sont "kascher", c'est pourquoi ils mangent la chair des peuples tués et en vivent. »[1] Cette affirmation trouve sa source dans un livre ouvertement antisémite du XIXe siècle qui a eu une influence terrible sur l'Allemagne nazie, *Entdecktes Judentum (Le judaïsme dévoilé)* de Eisenmenger. 2 / Schmitt met en pratique dans cet ouvrage ce que j'ai appelé le principe de purification raciale appliqué aux textes. Ce principe, il l'avait théorisé dans le discours de clôture du colloque de 1936[2].

En 1939, il publie un article très élogieux sur le livre d'un des doctrinaires les plus appréciés des nazis, Christoph Steding (décédé en 1938). Ce livre, intitulé *Das Reich und die Krankheit der europäischen Kultur,* a été édité et introduit par Hans Frank. L'article contient dans sa partie finale un grand éloge de la politique de Hitler. Schmitt développe une activité théorique importante en faveur de la politique des « grands espaces », entre 1937 et 1941. En 1942, il fera une conférence à Paris, à l'Institut allemand, qui finit par un éloge soutenu de la politique du « nouveau Reich ». Jamais Schmitt ne reniera sa participation au régime nazi[3].

En choisissant d'examiner la justification par Schmitt des lois de Nuremberg concernant le drapeau national, la citoyenneté et la protection du sang allemand et de l'honneur alle-

1. Carl Schmitt, *Le Léviathan dans la doctrine de l'État de Thomas Hobbes, op. cit.,* p. 77 ; cf. ci-dessus n. 1, p. 6.
2. Cf. ci-dessus n. 1, p. 6.
3. Cf. Raphael Gross, *Carl Schmitt und die Juden,* Frankfurt am Main, 2000 ; Nicolas Tertulian, « Le juriste et le Führer », *Cités,* n° 6, 2001, p. 37-47, et l'introduction de Dominique Séglard à sa traduction (avec Mira Köller) du texte de Carl Schmitt *Les trois types de pensée juridique,* Paris, PUF, 1995.

mand, je souhaite montrer le rapport des thèses théoriques de Schmitt avec son engagement comme doctrinaire du régime national-socialiste. Ce rapport, cette convergence, se réalise en particulier autour de la figure de l'ennemi de race. Ce concept, Schmitt l'utilise, mais ne lui accorde pas de place spécifique dans sa distinction des différentes figures de l'ennemi. L'ennemi de race, qui est donc utilisé mais non thématisé, est celui que je nomme l'ennemi substantiel. Celui-ci permet d'accréditer théoriquement, de rendre intellectuellement acceptable, voire souhaitable, ce que l'homme a fait de pire.

Dans l'analyse des deux textes de Schmitt sur les lois de Nuremberg, j'examinerai successivement trois points : 1 / l'interprétation qu'il donne de la législation raciale de 1935 ; 2 / la figure ennemi substantiel comme ennemi de race ; 3 / les implications de la pensée juridique nazie jusqu'au *Nomos de la terre.* Je termine cet ouvrage par un épilogue sur la question : Que faire de Schmitt aujourd'hui ?

PREMIÈRE PARTIE

L'ennemi substantiel et la législation nazie

CHAPITRE PREMIER

La législation raciale ou la protection du sang allemand du citoyen allemand

À partir du 10 septembre 1935, se tint à Nuremberg le rassemblement annuel du parti national-socialiste. S'y retrouvaient les dignitaires du parti et de l'État, les ministres, les fidèles du parti, les foules considérables de membres, mais aussi les divisions de la Wehrmacht et, pour marquer la solennité du rassemblement, le Reichstag, convoqué par Hitler « pour une réunion symbolique dans la ville où le Parlement s'était réuni pour la dernière fois en 1543 »[1]. Hitler voulait initialement lui demander d'adopter par acclamation une loi sur le drapeau national visant à consacrer l'étendard à croix gammée comme nouveau drapeau du Reich. René Capitant dans une analyse des lois de Nuremberg d'une lucidité remarquable, qu'il rédige dès mai 1936, en dégage la signification politique : « Le drapeau à croix gammée flotte seul désormais sur l'Allemagne, symbolisant la conquête totale de l'État par le parti. »[2]

Pendant le rassemblement, le 13 novembre exactement, Hitler décida d'ajouter au programme législatif du Reichstag deux autres lois : l'une sur la protection du sang allemand, l'autre sur la citoyenneté. Ces ajouts de dernière minute

1. Ian Kershaw, *Hitler, op. cit.*, vol. 1, p. 803.

2. René Capitant, « Les lois de Nuremberg », in *Face au nazisme. Écrits, 1933-1938,* textes réunis par Olivier Beaud, Presses Universitaires de Strasbourg, 2004, p. 142.

étaient le résultat probable, d'une part, des pressions des membres les plus radicalement antisémites du parti en vue de l'adoption d'une législation impitoyable contre les Juifs, chargée de faire obstacle à la souillure du sang allemand provoquée par les mariages mixtes et les relations sexuelles entre Juifs et Allemands, et, d'autre part, des nécessités de la propagande qui était l'un des soucis permanents du Führer. Le caractère précipité de la rédaction de ces lois ne doit cependant pas faire oublier qu'une législation raciale était en préparation dès 1933, mais les tentatives de la mettre en place avaient jusqu'alors échoué. Ce qui remettait cette législation à l'ordre du jour des ministères de la Justice, de l'Économie et, surtout de l'Intérieur, en 1935, c'était la volonté de mettre fin aux exactions et aux violences individuelles commises contre les Juifs par les partisans les plus fervents de Hitler. Ces agressions brutales et sanglantes, qui faisaient régner un climat de terreur, étaient devenues très impopulaires. Il s'agissait donc de substituer une réglementation juridique aux voies de fait, sans pourtant changer d'objectif : l'exclusion des Juifs hors de la société allemande et, en définitive, leur destruction. Au lieu d'une persécution sans règle, il fallait mettre au point une législation susceptible d'offrir le cadre d'une persécution légalisée de plus en plus contraignante.

Dans les heures précédant la réunion du Reichstag, les experts du ministère de l'Intérieur sous la houlette de leur ministre W. Frick, tâchèrent vainement de résoudre le problème de la définition du Juif et celui des *Mischlinge* (les sang-mêlé). Une chose était sûre : Hitler avait exclu lui-même la restriction des lois aux seuls Juifs intégraux. Dans son discours au Reichstag, il recommanda l'adoption des trois lois sur le drapeau, la citoyenneté et le sang. La question, pourtant centrale, de la détermination du Juif, fut reportée quelques semaines plus tard. Elle fut l'occasion de rapports de force entre le parti et le ministère de l'Intérieur. Une « solution » fut finalement adoptée et introduite dans le décret d'application de la loi sur la citoyenneté le 14 novembre 1935. C'était, paradoxalement, un critère purement religieux qui devait permettre de définir la race juive : la religion des grands-parents, la religion d'un individu, la religion de l'épouse, etc.[1].

Quelques jours après le rassemblement du parti, le 1er octobre 1935, Schmitt publie dans sa revue *Deutsche Juristen Zeitung*, un article de justification juridique de la législation raciale qui y a été adoptée sous le titre de « Die Verfassung der Freiheit », « La Constitution de la liberté ». Tel va être précisément son objectif : montrer que les trois lois de Nuremberg ne sont pas des lois parmi d'autres, mais fournissent désormais l'armature de l'ensemble du droit allemand. Ce ne sont pas des lois ordinaires, mais une Constitution, qui plus est, la première Constitution que l'Allemagne a connue. « Ce ne sont pas trois lois importantes spécifiques à côté d'autres lois importantes. Elles englobent et traversent l'ensemble de notre droit. C'est à partir d'elles que se détermine ce qui peut être appelé, par nous, moralité et ordre public, civilité *(Anstand)* et bonnes mœurs. Elles sont la Constitution de la liberté, le cœur de notre droit allemand

1. « Était tout d'abord définie comme juive toute personne qui : 1 / avait au moins trois grands-parents juifs (c'est-à-dire eux-mêmes Juifs "intégraux" ou Juifs au trois quarts) ; ou bien 2 / avait deux grands-parents juifs (cas des demi-Juifs) et, de plus, *a)* appartenait à la communauté religieuse judaïque à la date du 15 septembre 1935 ; ou bien *b)* était à la même date mariée à un Juif ou à un Juive, ou contractait ultérieurement un tel mariage ; ou encore, *c)* était née d'un mariage où l'un des époux était soit Juif intégral, soit Juif au trois quarts, si ce mariage avait lieu après la mise en vigueur de la Loi sur la protection du sang et de l'honneur allemands (toujours du 15 septembre 1935) ; ou encore *d)* était enfant illégitime né après le 31 juillet 1936 de relations extramaritales dont l'un des partenaires avait été un Juif ou un Juif aux trois quarts. Quant à la détermination du statut des grands-parents, il demeurait présumé que ceux-ci étaient ou avaient été Juifs s'ils appartenaient ou avaient appartenu à la communauté religieuse judaïque. Était définie comme non-Juive, mais comme individu "métissé de Juif", toute personne qui : 1 / avait deux grands-parents juifs (cas des demi-Juifs), mais *a)* n'appartenait pas à la confession judaïque au 15 septembre 1935 ou avait antérieurement cessé d'y appartenir, et qui n'y adhérait pas ultérieurement, et, de plus, *b)* n'était pas à cette date mariée à un Juif ou à une Juive (ou avait cessé de l'être), et qui ne contractait pas ultérieurement une telle union (les demi-Juifs de cette catégorie furent dénommés *Mischlinge* au premier degré) ; et 2 / toute personne n'ayant qu'un Juif parmi ses grands-parents (*Mischlinge* au second degré). Les qualifications de *Mischling* "au premier degré" ou au "second degré" ne figuraient pas dans le décret du 14 novembre 1935, mais furent ajoutées après par un règlement subséquent du ministère de l'Intérieur » (Raul Hilberg, *La destruction des Juifs d'Europe, op. cit.*, vol. 1, p. 67-68).

aujourd'hui. Tout ce que nous entreprenons en tant que juristes allemands ne reçoit son sens et sa dignité qu'à partir d'elles. »[1] On voit donc qu'il ne s'agit pas simplement d'y apporter une justification oblique, indirecte, honteuse, mais au contraire d'en souligner avec éclat le caractère central pour tout le droit public et la vie allemande. Comment des lois de discrimination raciale peuvent-elles devenir une Constitution de la liberté ? Quels sont les moyens que Schmitt mobilise pour réaliser cette transformation, ce tour de force juridico-politique ? Retrouve-t-on dans le texte du 1er octobre 1935 des positions et des notions élaborées antérieurement par lui ? Pour le dire d'emblée : les lois de Nuremberg lui permettent, d'une part, de fournir le contenu d'une affirmation du politique (le sens substantiel et existentiel des concepts politiques) contre la négation libérale du politique qu'il n'a cessé de dénoncer depuis le début de sa carrière intellectuelle, et, d'autre part, de restituer un sens existentiel et tragique à la désignation et à la lutte contre l'ennemi. Les concepts politiques élaborés par Schmitt avant le nazisme sont appliqués au contenu fourni par la législation raciale, ou, ce qui revient au même, les lois raciales remplissent les cadres conceptuels de sa pensée politique. On trouve ici une attestation d'un mode de la convergence dont je parlais ci-dessus. Le sang allemand, l'honneur allemand, la citoyenneté allemande, le drapeau allemand réalisent le repliement sur soi qui permet de définir une unité politique dotée d'un pouvoir de décision, laquelle inévitablement s'identifie, se reconnaît et se maintient face à un péril, à un ennemi interne et externe qui la met en danger. Voyons comment se réalise cette conversion d'une législation raciste en Constitution de la liberté.

« Le 15 septembre 1935, lors de la journée du parti du Reich pour la liberté, le Reichstag allemand a établi la loi du Reich sur le drapeau, la loi du Reich sur la citoyenneté, et la loi sur la protection du sang allemand et de l'honneur allemand.

« Ce Reichstag fut quelque chose d'autre et quelque chose de plus que le parlement d'un compromis constitutionnel, c'est

1. Carl Schmitt, « La Constitution de la liberté », *art. cité* ci-dessous, p. 53.

pourquoi ses lois sont elles aussi quelque chose d'autre et davantage que les produits de la discussion et de la coalition d'un système multiparti. Le Reichstag rassemblé à la journée du parti du Reich fut le peuple allemand lui-même, porté par le mouvement national-socialiste et obéissant au Führer Adolf Hitler ; les lois [de ce peuple] sont depuis des siècles la première Constitution allemande de la liberté. »[1]

Le rassemblement de la liberté *(Reichsparteitag des Friedens)* aurait ainsi donné lieu à une Constitution de la liberté. Ce passage qui se trouve au départ du texte du 1er octobre ne saurait être considéré comme relevant de la simple propagande produite par un professeur d'université enthousiasmé par la ferveur de la gigantesque démonstration de force du parti. On y retrouve en effet des thèmes antérieurs de la pensée schmittienne. Certains élaborés avant le nazisme, d'autres après l'entrée de Schmitt dans la parti national-socialiste. Ainsi, la critique du parlementarisme et du libéralisme[2] est une constante de la pensée de Schmitt depuis le début de sa carrière intellectuelle, tandis que l'organisation triadique de l'unité politique[3] (le peuple, le mouvement et l'État), qui est également reprise dans ce passage, a été élaborée à la fin de 1933. Tout le reste du texte met en œuvre des concepts schmittiens.

L'ensemble de la justification des lois de Nuremberg s'articule autour de deux thèmes centraux. Le premier, concerne l'opposition entre le libéralisme[4], qui développe un concept non politique de liberté, et la conception national-socialiste de l'État comme moyen au service de la force et de

1. *Ibid.*, p. 53.

2. Il serait vraiment difficile de trouver des textes de Schmitt qui ne comportent pas explicitement ou implicitement une critique du libéralisme et de son complément, le parlementarisme. Cf., entre beaucoup d'autres, *Die geistesgeschichtliche Lage des heutigen Parlamentarismus* (1923), Duncker & Humblot, 1985, traduction sous le titre de *Parlementarisme et démocratie*, in *Parlementarisme et démocratie*, traduit par Jean-Louis Schlegel, Paris, Le Seuil, 1988.

3. Carl Schmitt, *État, mouvement, peuple*, *op. cit.*

4. Sur l'opposition de Schmitt au libéralisme, on lira avec beaucoup d'intérêt le compte rendu que Leo Strauss a donné du *Concept de politique*, en 1932, « Remarques sur *Le concept de politique* de Carl Schmitt », *in* Carl Schmitt, *Parlementarisme et démocratie*, *op. cit.*, p. 189-214.

l'unité *völkisch*, qui débouche sur un concept politique de la liberté. Le second, concerne la désignation claire de l'ennemi, corrélative de la mise en évidence des fondements de l'ordre *völkisch* : le peuple allemand, le mouvement national socialiste, l'État et l'armée avec le Führer comme chef. Ces deux thèmes ne sont évidemment pas simplement juxtaposés : ils sont intrinsèquement liés l'un à l'autre.

La critique du libéralisme est réalisée autour de la notion de liberté. Il faut opposer, dit Schmitt, la liberté *(Freiheit)* aux libéralités *(Libertäten)* du libéralisme *(Liberalismus)*. Les libertés libérales ont pour sujet des individus et pour modèle le marché et l'échange économique. Ce sont donc des libertés anonymes, substituables, indifférentes. Elles peuvent être la liberté de n'importe qui, abstraite de toute inscription dans un peuple déterminé. Il en va de même pour l'égalité comme égalité devant la loi. Cette définition de l'égalité a pour effet un nivellement, elle efface la différence substantielle, raciale entre ce qui est de race allemande et ce qui ne l'est pas. La notion de citoyenneté subit le même sort lorsqu'elle est définie hors de l'appartenance à un peuple déterminé. Pour finir l'État lui-même se trouve réduit à une personne juridique neutre et invisible. La liberté, l'égalité, la citoyenneté et l'État du libéralisme sont vides de tout contenu politique substantiel :

« Leurs [nos pères et nos grands-pères libéraux] *Verfassungen* étaient des constitutions[1] : leurs sessions du Reich et leurs sessions des Länder étaient des Parlements. Les citoyens de leur État *(Staatsbürger)* étaient une transposition ratée du *citoyen*. Leurs Constitutions *(Verfassungen)* ne parlaient pas du sang allemand et de l'honneur allemand. Le mot "Allemand" n'apparaît que pour souligner que "tous les Allemands sont égaux devant la loi". Mais cette phrase, dont le sens aurait été justifié par un concept *völkisch* substantiel de ce qui est allemand, ne servait au contraire qu'à traiter sur un pied d'égalité ceux qui ne sont pas

1. *N.d.T :* L'allemand dispose de deux termes pour désigner la Constitution, ce qui permet à C. Schmitt d'en jouer en utilisant le terme allemand, *Verfassung,* pour tourner en dérision le terme d'origine latine de *Constitution.*

de la même race *(Artungleiche)* que les Allemands, et à considérer comme allemands tous ceux qui étaient égaux devant la loi. C'est ainsi que le peuple en était venu à représenter la somme de ceux qui appartenaient à l'État *(Staatsangehörigen)*, et l'État à représenter la personne juridique invisible. »[1]

Tel est donc l'enchaînement des concepts libéraux auxquels il faut opposer les concepts véritablement politiques du national-socialisme qui s'enracinent dans le concept *völkisch* substantiel de ce qui est allemand. À la négation libérale du politique se trouve donc opposée l'affirmation nationale-socialiste du politique.

Cette opposition apparaît plus clairement encore lorsque l'on envisage le rapport à l'ennemi. Le libéralisme est incapable de reconnaître l'ennemi, tout simplement parce qu'il ne sait pas ce qu'est un ennemi. Déjà dans *Le concept de politique,* Schmitt écrivait : « Ainsi, dans la pensée libérale, le concept politique de lutte se mue en concurrence du côté de l'économie, en débat du côté de l'esprit ; la claire distinction de ces deux états différents que sont la guerre et la paix est remplacée par la dynamique d'une concurrence perpétuelle et de débats sans fin [...]. La volonté toute naturelle de se défendre contre l'ennemi, impliquée dans toute situation de combat, devient idéal ou programme social de construction rationnelle, tendance politique ou calcul économique. Le peuple politiquement un sera, d'une part, un public avec ses besoins culturels et, d'autre part, tantôt un ensemble de travailleurs et d'employés, tantôt une masse de consommateurs. »[2] Le libéralisme est politiquement aveugle, il ne voit pas l'ennemi, il le dissout en autre chose. Le libéralisme est la négation du politique, ses concepts sont démilitarisés et dépolitisés. Il est proprement inapte à comprendre que l'essence du politique est liée à la possibilité d'une lutte à mort avec l'ennemi : « L'antagonisme politique est le plus fort de tous, il

1. Carl Schmitt, « La Constitution de la liberté », *art. cité* ci-dessous, p. 55.
2. Carl Schmitt, *Der Begriff des Politischen* (1932), traduit sous le titre *La notion de politique,* par Marie-Louise Steinhauser, Paris, Calmann-Lévy, 1972, p. 119 (on utilisera plutôt la traduction plus littérale *Le concept de politique*).

est l'antagonisme suprême, et tout conflit concret est d'autant plus politique qu'il se rapproche davantage de son point extrême, de la configuration opposant l'ami et l'ennemi. »[1] Or cet aveuglement prétendu du libéralisme est stigmatisé dans la justification des lois de Nuremberg du 1er octobre. Que dit Schmitt ? Les Constitutions libérales du XIXe siècle ont provoqué la décomposition confessionnelle et la décomposition de classe du peuple allemand qui a été livré aux mains de ses ennemis en vertu des principes de ces Constitutions : « C'est ainsi que la liberté conforme à la Constitution était devenue une arme et un slogan aux mains de tous les ennemis et de tous les parasites de l'Allemagne. C'est une escroquerie que nous avons percée à jour. Nous avons reconnu que les constitutions libérales sont les formes de déguisement typiques de la domination étrangère. »[2] L'erreur des libéraux allemands a été d'être restés insensibles et indifférents à la « substance allemande et à la voix du sang allemand »[3] dont ils étaient pourtant eux-mêmes porteurs. Ils n'ont pas compris que le droit et la législation d'un peuple devaient s'enraciner dans « le concept *völkisch* substantiel de ce qui est allemand »[4].

En revanche, grâce à la législation nouvelle : « Le peuple allemand est redevenu allemand, y compris au sens juridique. Après les lois du 15 septembre, le sang allemand et l'honneur allemand sont redevenus les concepts majeurs de notre droit. L'État est désormais un moyen au service de la force et de l'unité *völkisch*. »[5] La législation discriminatoire sur la citoyenneté et protectrice du sang allemand suppose précisément qu'a été redécouvert ce que le libéralisme a occulté : la distinction de ceux qui appartiennent à la race allemande et de ceux qui n'en relèvent pas. Le national-socialisme contrairement au libéralisme repose sur un concept politique de l'unité politique dans son organisation triadique : « Les fondements

1. *Ibid.*, p. 70.
2. Carl Schmitt, « La Constitution de la liberté », *art. cité* ci-dessous, p. 54.
3. *Ibid.*
4. *Ibid.*, p. 55.
5. *Ibid.*, p. 56.

de notre ordre *völkisch* sont maintenant fermement établis : le peuple allemand avec son Führer en tant que chef de l'État et juge suprême de la nation ; l'ordre du mouvement national-socialiste en tant que gardien de notre Constitution ; la Wehrmacht allemande avec le Führer comme chef suprême. »[1] Le régime national-socialiste fournit un contenu qui s'adapte parfaitement à la conception agressive de la société développée par Schmitt et à son concept belliciste de la politique. La législation raciale de Nuremberg fournit un exemple particulièrement probant, peut-être le seul probant, du concept schmittien de politique.

Si le concept de politique s'exemplifie si bien, se retrouve pour ainsi dire chez lui dans le national-socialisme, nous devons, bien entendu, y retrouver le sens de l'ennemi. Le texte du 1er octobre doit comporter une désignation de l'ennemi. On pouvait lire déjà, dans *Le concept de politique* : « Une collectivité humaine qui renoncerait à ces conséquences de l'unité politique ne serait pas une collectivité politique, car elle renoncerait au pouvoir de désigner par une décision qui fasse autorité celui qu'elle considère et traite comme un ennemi. Ce pouvoir de disposer de la vie physique des hommes met la communauté politique au-dessus de toute autre espèce de communauté ou de société. »[2] La désignation de l'ennemi se trouve, bien entendu, dans la justification des lois de Nuremberg, cette désignation est référée à la nécessité de protéger le droit du peuple allemand contre ce qui pourrait conduire à sa décomposition ou à sa dégénérescence. Quel est l'ennemi ? Évidemment, celui qui n'est pas de substance allemande, ni de sang allemand, si peu que ce soit : le Juif. En même temps que les lois sur le drapeau, la citoyenneté et le sang permettaient de réinscrire l'unité politique dans la substance allemande, elles définissaient l'ennemi : « Mais la journée de la liberté du parti du Reich a entraîné encore une autre décision en termes de droit consti-

1. *Ibid.*, p. 56.
2. Carl Schmitt, *Le concept de politique, op. cit.*, p. 90.

tutionnel. Pour le cas où la réglementation actuelle de la situation des Juifs ne porterait pas ses fruits, le Führer a évoqué la possibilité d'un nouvel examen de la question, et il a laissé entendre que, à défaut de solution légale de la question, celle-ci pourrait être transférée au parti. C'est là une mise en garde sérieuse. Car, de la sorte, le parti ouvrier national-socialiste allemand est déclaré être le veilleur de la sainteté *völkisch* : le gardien de la Constitution. »[1] Schmitt rapporte en effet les propos tenus par Hitler pendant le rassemblement et souligne leur caractère effectivement menaçant. La législation impitoyable contre les Juifs est un aspect de la sortie des juifs hors de tout droit positif. C'est ce que dit Hitler et que reprend Schmitt : le parti aura en définitive le dernier mot sur les Juifs, parce que c'est lui qui protège la sainteté *völkisch,* c'est lui qui protège le peuple allemand contre ses ennemis, c'est lui qui mènera la bataille finale.

On voit donc comment la justification des lois de Nuremberg dans le texte « La Constitution de la liberté » s'inscrit dans la logique de la conception schmittienne du politique. La convergence entre la théorie politique de Schmitt et le nazisme relève donc bien d'une dynamique intrinsèque. Mais nous verrons qu'il n'est pas possible de s'arrêter là. Le Juif n'est pas un ennemi comme les autres, la guerre dont il doit être l'objet n'est pas une guerre ordinaire. Nous reviendrons bientôt sur le statut de l'ennemi de race, l'ennemi substantiel.

Passons maintenant au second texte de justification des lois de Nuremberg, la conférence à Berlin du 28 novembre 1935 : « Die nationalsozialistische Gesetzgebung und der Vorbehalt des "ordre public" im Internationalen Privatrecht » (« La législation national-socialiste et la réserve de l' "ordre public" dans le droit privé international »). L'accréditation juridique de la législation raciste est ici moins une application de concepts antérieurement formés par Schmitt que la défense d'une nouvelle vision du monde, la vision du monde portée par « la pensée de la race » du national-socialisme.

1. Carl Schmitt, « La Constitution de la liberté », *art. cité* ci-dessous, p. 56.

Celle-ci permet de reconsidérer des points centraux du droit privé international.

« Par la législation national-socialiste, c'est un nouveau principe, en termes de vision du monde *(Weltanschauung)*, qui apparaît dans la législation d'un pays européen. Il est tout à fait évident que c'est ici, et tout particulièrement dans la législation raciale national-socialiste, que se trouve le véritable foyer de notre question. Nous sommes ici en présence d'une législation portée par la pensée de la race qui se heurte aux lois d'autres pays qui, de manière tout aussi fondamentale, ne connaissent pas ou même rejettent les *distinctions raciales.* »[1]

Dès le début de son propos, Schmitt dit en quel nom il parle. Ce n'est ni en idéologue ni en mandataire officiel du parti, mais en « juriste scientifique », s'adressant à d'autres juristes dans le cadre d'un congrès scientifique. C'est donc sur le ton d'un discours scientifique instruit et dépassionné qu'il va défendre la législation raciale national-socialiste, la vision du monde nazie. Que demander de plus ? Peut-on souligner davantage que ne le fait Schmitt lui-même la profondeur de son engagement dans le nazisme ? C'est en « totale liberté scientifique », dit-il, avec « la lourde responsabilité » qui en résulte, qu'il va tenter de montrer que la législation raciale non seulement ne cause pas un nouveau et insoluble problème eu égard au droit privé international (= DPI), mais qu'elle est, en outre, en mesure d'apporter une solution inédite susceptible de résoudre sur un point capital les difficultés rencontrées jusqu'ici par le DPI.

La question de la « réserve de l'ordre public » dans le droit privé international concerne la question des « collisions » entre les législations positives des différents États en matière de droit privé. Cette « collision des normes » suppose qu'il y ait à la fois différence et même opposition entre les législations de droit privé de différents pays dans un même domaine, par exemple le mariage (collision entre la législation

1. Carl Schmitt, « La législation national-socialiste et la réserve de l' "ordre public"... », *art. cité* ci-dessous, p. 63.

raciale d'un État et la législation non raciale d'un autre État). Or, pour contourner cette collision des normes, sinon pour la surmonter, un État peut faire appel au principe de la « réserve de l'ordre public » ou *public policy* qui lui permet de faire prévaloir sa législation interne sur une législation étrangère, même pour les citoyens d'un État étranger vivant sur son territoire. L'argumentation de Schmitt porte contre l'appel trop fréquent au principe de la « réserve de l'ordre public », parce que celui-ci risque de menacer de ruine l'édifice du DPI tout entier. La « réserve de l'ordre public » serait, pour certains juristes, « le ver dans le bois du droit privé international ». Il comporte en effet l'idée d'une disqualification réciproque par les États du droit étranger et même de la morale qui le supporte, comme si chaque État se mettait en situation de donner des leçons aux autres. La « réserve de l'ordre public » serait la traduction juridique d'un chauvinisme nationaliste. La question prend toute son ampleur lorsque la collision des normes ne concerne pas seulement des mesures isolées, mais des législations portées par des visions du monde différentes. Par exemple, celle qui a lieu entre une conception religieuse du droit au mariage (en particulier dans la législation des États orthodoxes) et une conception laïque du mariage (celle de la France qui repose sur la vision du monde engendrée par la Révolution de 1789). La collision des normes désigne ici un « grand combat de visions du monde *(Weltanschauung)* » dans le DPI. La question est donc la suivante : peut-on sauver le droit privé international ? À quelles conditions peut-on se passer de la « réserve de l'ordre public » ?

Dans le texte du 28 novembre 1935, Schmitt met immédiatement le doigt sur le point le plus aigu du problème : la collision entre la législation raciale du 15 septembre 1935 et la législation d'autres États qui ignorent ou rejettent les distinctions de race. Il s'agit d'éviter à l'Allemagne nazie d'être mise au ban des nations sur le plan du DPI. Or l'objectif de Schmitt va consister, ici encore, à prendre une position qui n'est pas du tout oblique ou honteuse, mais au contraire hautaine et pleine d'assurance. Il va en effet tenter de montrer que la législation raciale non seulement n'a rien d'exorbitant par rapport au DPI, mais en outre fournit un principe susceptible d'établir entre les États une estime et un respect mutuels par lesquels aucun ne prétendra donner de leçons aux autres. Pour le dire en une phrase, la législation raciale des nazis, loin de compromettre le DPI, le sauve. C'est donc à une défense juridique de la *Weltanschauung* hitlérienne que va se livrer le juriste scientifique Carl Schmitt.

Pour se situer au cœur du conflit juridique des visions du monde, Schmitt n'examine que la législation raciale, plus particulièrement celle qui concerne le mariage.

« C'est également ici que l'on est le mieux à même de clarifier cette opposition extraordinairement excitante *(ausserordentlich aufregend)* entre une conception fondamentalement raciale et une autre fondamentalement non raciale du mariage, de la famille et du peuple. Les questions qui doivent être spécifiées au sein du grand ensemble de questions que nous avons évoqué présentent une double caractéristique. Tout d'abord par le fait que, ici, le droit positif allemand fait la *distinction entre sujets de l'État juifs et sujets de l'État allemands* ; c'est là un point essentiel de notre législation raciale, en particulier dans la loi du Reich du 15 septembre 1935 pour la protection du sang et de l'honneur allemands. »[1]

Dans sa justification de la législation raciale qui oppose race allemande et race juive sur le plan du droit privé international, Schmitt avance trois arguments.

Premièrement, la pensée du droit national-socialiste est entièrement défensive et pas du tout agressive. Elle se restreint au peuple allemand et ne prétend aucunement s'imposer à d'autres peuples, encore moins à l'humanité tout entière ou à l'ensemble du monde. Son intégration et sa compatibilité avec le DPI ne sauraient donc poser des problèmes comparables à ceux qui résultent de la législation bolchevique depuis 1919. Celle-ci implique une collision des normes insurmontable avec les États non communistes dans la mesure où elle prétend valoir universellement. La législa-

1. *Ibid.*, p. 66-67.

tion soviétique, établie au nom de la classe de la révolution universelle, se pose comme exclusive des législations des autres États. La pensée juridique bolchevique est donc agressive et impérialiste, puisqu'elle prétend englober l'humanité. En revanche, il n'en va pas du tout de même, selon Schmitt, pour la pensée juridique raciale du national-socialisme qui ne vise qu'à protéger et à défendre ce qui est allemand : « Ainsi donc, le droit national-socialiste n'a pas la prétention de déterminer qui est Anglais, Français ou Japonais ; mais il considère en revanche que le droit de déterminer ce qui est *allemand*, ce qui est substance allemande, et ce qui est nécessaire à la protection du sang allemand, *est et reste l'affaire du peuple allemand lui-même.* »[1] La défense et la protection du « sang allemand » impliquent de prendre les mesures législatives nécessaires pour éviter la contagion, la dégénérescence, la souillure et le déclin de la race allemande qui trouvent leur cause dans la race juive. C'est pourquoi le dispositif central de la législation raciale concerne la distinction des Allemands et des Juifs.

Deuxièmement, Schmitt entend montrer que cette législation raciale est non seulement défensive et non impérialiste, mais en outre respectueuse des législations des autres peuples. Ce respect se manifeste par la limitation la plus grande de l'usage de la « réserve de l'ordre public ». Le cas d'école qu'il envisage est tout à fait extraordinaire et stupéfiant. Le voici :

« Si les tribunaux, confrontés à un mariage *juif* qui, selon les règles du droit international privé, obéit aux déterminations de la loi juive, c'est-à-dire au Choul'han 'Aroukh, adoptaient jusqu'à présent le point de vue que le divorce extraordinairement facile du Choul'han 'Aroukh, qui permet au mari de rompre le mariage par simple envoi d'une lettre de divorce, ne correspond pas à la vie des mœurs du *peuple allemand,* et en se référant à l'*ordre public,* refusaient l'application de telles déterminations en Allemagne, je pense néanmoins qu'aujourd'hui la plupart des

1. *Ibid.,* p. 69.

juristes national-socialistes appliqueraient purement et simplement un autre jugement : ils déclareraient vraisemblablement qu'ils n'ont pas à se mêler de dispositions internes au droit *juif.* »[1]

Il va de soi que l'exemple n'est pas pris au hasard, même si Schmitt ajoute qu'il n'est pas question ici de savoir si « les sujets de l'État allemand de sang juifs » sont soumis actuellement au droit du Choul'han 'Aroukh. Le cas d'école est néanmoins extraordinaire, il sous-entend que la race juive doit avoir son droit propre, qui ne peut être celui du peuple allemand. Ce droit d'ailleurs existe, c'est celui du Choul'han 'Aroukh. La législation raciale, dans son prétendu caractère défensif, est en fait exclusive. Elle fonde le droit sur le sang et la race, et exclut de ce droit ce qui relève d'un autre sang et d'une autre race. Nous avons là l'expression la plus directe du double aspect de la législation raciale appliquée aux Juifs : en principe elle confère un statut légal, fût-il discriminatoire, aux Juifs et, en même temps, elle les exclut du droit parce que n'appartenant pas à la race allemande. Ainsi, pour Schmitt, les distinctions raciales permettent d'éviter l'usage de la « réserve de l'ordre public ». Les tribunaux allemands ne devraient plus y avoir recours lorsqu'il s'agit de juger les ressortissants qui ne sont pas des citoyens allemands de sang allemand.

Troisièmement, la spécificité de la pensée juridique national-socialiste ne doit pas être effacée par des catégories neutres et formelles : « Il serait injuste de relativiser et de dépouiller ainsi de son poids spécifique la grande et nouvelle pensée de la conception national-socialiste du droit, la pensée de la race, en s'aidant de catégories neutres et formelles du droit international privé. » Le droit racial *(Rassenrecht)* allemand doit toujours être reconduit à son principe qui est de protéger la race allemande de la contagion, de la souillure et du déclin. Il n'est donc pas possible de mettre sur le même plan les interdictions religieuses touchant le mariage par exemple et les interdictions raciales. En effet, dans le premier

1. *Ibid.*, p. 70.

cas (interdictions religieuses), il s'agit de tracer une voie précise vers un type de mariage recommandé par le droit ; dans le second cas (interdictions raciales), il s'agit d'empêcher un type précis de mariage et d'en encourager d'autres. La législation raciale sur le mariage et la santé des mariages a pour but, contrairement à la législation religieuse, la protection du mariage et de la descendance.

Telles sont donc les trois justifications principales de la législation concernant le sang allemand et l'honneur allemand du 15 septembre 1935. La suite du texte concerne des exemples et des cas particuliers visant à surmonter des malentendus. Ils n'en sont pas moins porteurs de signification. J'en examinerai trois. 1 / La loi de Nuremberg sur le sang ne comporte aucune infraction au principe de l'autodétermination des autres États. C'est pourquoi elle ne protège « le sang allemand que pour autant qu'il circule dans les veines de sujets de l'État allemands »[1]. C'est la confirmation du caractère défensif de la législation raciale. Ce qui veut dire qu'un Juif ressortissant de l'État allemand peut très bien épouser une aryenne, à condition qu'elle soit étrangère, de sang germanique ou slave : « En revanche, il va sans dire que, si l'une des parties est de sang allemand et de nationalité allemande, l'interdiction du mariage doit être prononcée sans égard pour la citoyenneté du Juif. Nul empiétement en cela, car il y va de la protection de nos sujets de l'État. Le Juif étranger comme tel ne nous intéresse pas, mais à tout citoyen allemand il est interdit d'épouser un Juif, quelle que soit la nationalité du juif. »[2] 2 / La loi de protection de la santé du mariage interdit le mariage si l'un des futurs époux souffre de maladie contagieuse, d'un handicap héréditaire physique ou mental. Mais ce droit sanitaire ne s'applique pas, en Allemagne même, si les deux fiancés sont étrangers, ou même si un étranger, à condition qu'il ne soit pas Juif, veut épouser une jeune fille allemande. Ce qui veut dire que, si le mâle est étranger, la législation raciale ne protège plus la femme. C'est là la

1. *Ibid.*, p. 75.
2. *Ibid.*, p. 76.

Weltanschauung national-socialiste. 3 / L'examen de la question du recours par une autorité étrangère au principe de la « réserve de l'ordre public » en vue de refuser l'application des lois raciales allemandes à des citoyens allemands vivant sur son territoire va révéler le principe d'expansion qui est sous-jacent au prétendu caractère défensif de la législation national-socialiste. Schmitt défend en effet la possibilité de l'extension de la législation allemande à tout citoyen allemand de sang allemand partout où il se trouve en Allemagne comme hors d'Allemagne. Par exemple, lorsque, dans un État étranger, un Juif de nationalité étrangère veut épouser une citoyenne allemande de sang allemand, ce mariage peut être conforme à la législation de l'État en question alors qu'il est frappé d'interdiction par la loi du 15 septembre 1935. Si le mariage a lieu, c'est en vertu du recours à la « réserve de l'ordre public » et il s'ensuit une collision des normes et un ébranlement du DPI. En revanche, s'il n'est pas fait recours à la « réserve de l'ordre public » et que le droit allemand puisse s'appliquer au citoyen allemand résidant dans l'État étranger, et inversement pour les citoyens de l'autre État résidant en Allemagne, alors non seulement il n'y a pas de collision des normes, mais il y a respect mutuel des États. Comme on l'aura facilement compris, Schmitt met en évidence un principe susceptible de soutenir l'expansion de la législation allemande au-delà des frontières de l'Allemagne. Cela deviendra réel un peu plus tard.

Telle est donc la manière dont Schmitt justifie la législation raciale sur le plan du droit privé international. Cette justification vise à accréditer le caractère rationnellement recevable de cette législation sur le plan international et à cautionner intellectuellement l'idée de la protection d'une race contre une autre. Elle cherche également à rendre acceptable l'idée d'un péril juif dont il s'agit de se préserver pour sauver les ordres vitaux de la civilisation. La législation raciale, qui comporte une loi sur le sang, atteste que le péril ne peut être réduit parce qu'il est véhiculé par un ennemi de race et de sang dont il faut se séparer à tout prix. L'accréditation des camps de concentration est sous-jacente à l'argumentation juridique de Schmitt. Il ne restera plus qu'un pas à franchir pour que la nécessité de la destruction apparaisse comme l'ultime « issue » possible. La seule manière de se protéger définitivement du péril de la dégénérescence et du déclin n'est-elle pas de détruire le vecteur du danger ? Carl Schmitt a contribué à accréditer l'existence du Juif comme ennemi de race et de sang, ennemi irréductible dont il faut se protéger. D'autres se chargeront de rechercher la solution à ce problème, jusqu'à la solution finale.

CHAPITRE II

L'ennemi substantiel

L'ennemi de race trouve-t-il une place dans la catégorisation schmittienne des figures de l'ennemi ? Ce point est capital pour juger de la convergence entre les concepts politiques et les textes de justification des lois de Nuremberg.

On sait l'importance[1] de la distinction ami/ennemi dans *Le concept de politique,* en particulier dans l'édition de 1932 qu'il faudrait comparer soigneusement avec celle de 1933, laquelle comporte des changements significatifs[2]. Cette importance tient à ce que le couple ami/ennemi fournit une distinction première à partir de laquelle le champ politique peut se déployer. Ce couple est aussi fondamental en politique que la distinction entre le bien et le mal en morale, ou celle entre le beau et le laid en esthétique.

« La distinction spécifique du politique, à laquelle peuvent se ramener les actes et les mobiles politiques, c'est la discrimination de l'ami et de l'ennemi. Elle fournit un principe d'identification qui a valeur de critère, et non une définition exhaustive ou compréhensive. »[3]

1. Ce chapitre et le suivant ont fait l'objet, dans une première version, d'une conférence à l'Institut Michel-Villey de l'Université de Paris II à l'invitation du Pr Stéphane Rials. Cette conférence a été publiée dans le n° 40 de la revue *Droits,* p. 173-188.

2. Denis Trierweiler prépare un ouvrage sur les différentes éditions du *Concept de politique.*

3. Carl Schmitt, *Le concept de politique, op. cit.,* p. 66.

La distinction ami/ennemi permet de dissocier le politique et l'État, celui-ci présupposant celui-là. Elle est irréductible à toute autre distinction, c'est-à-dire qu'elle est élémentaire. Elle permet donc de comprendre le politique dans sa teneur la plus essentielle, concrète et existentielle.

Or, dans ce couple ami/ennemi, c'est surtout sur l'ennemi que Schmitt insiste le plus. L'ennemi qu'on ne saurait, comme le fait pourtant le libéralisme, réduire à un concurrent ou à un adversaire, donne sa densité existentielle et tragique au politique, parce qu'il marque que l'horizon irréductible de celui-ci c'est la guerre. Un monde sans guerre serait un monde sans ennemi, donc un monde sans politique. Ce qui caractérise la politique, ce qui lui donne sa marque propre, c'est la lutte au sens existentiel, le combat qui comporte la possibilité de provoquer la mort physique de l'autre homme. Cette teneur existentielle et tragique du politique est liée à l'affirmation fondamentale selon laquelle : « La guerre naît de l'hostilité, celle-ci étant la négation existentielle d'un autre être. La guerre n'est que l'actualisation ultime de l'hostilité. »[1]

Pour mesurer le sens politique de cette affirmation, il faut faire intervenir la distinction latine rappelée par Schmitt entre deux catégories de l'ennemi : *inimicus,* ou ennemi privé, et *hostis,* ou ennemi public. L'*inimicus* se pense dans une relation privée entre individus. Il s'agit d'une relation affective et ambivalente de l'un à l'égard de l'autre qui peut impliquer la haine personnelle, mais aussi parfois l'amour. C'est seulement dans la vie privée que « cela a un sens, dit Schmitt, d'aimer son ennemi »[2]. L'*hostis,* l'ennemi politique, a un tout autre sens :

> « L'antagonisme politique est le plus fort de tous, il est l'antagonisme suprême, et tout conflit concret est d'autant plus politique qu'il se rapproche davantage de son point extrême, de la configuration opposant l'ami et l'ennemi. »[3]

1. *Ibid.,* p. 73.
2. *Ibid.,* p. 69-70.
3. *Ibid.,* p. 70.

L'*hostis* ne peut s'entendre que par rapport à une guerre conçue comme une « lutte armée entre unités politiques », entre États. Cette définition n'exclut pas la possibilité de la guerre civile : celle-ci est en effet une lutte armée au sein de l'unité politique qui est alors évidemment remise en cause. La guerre au sens politique est donc bien une actualisation de l'hostilité : l'hostilité en acte. Deux données permettent de préciser qui est l'ennemi : 1 / L'ennemi politique fait l'objet d'une désignation. Cette désignation est une décision politique, une donnée préalable à toute stratégie ou tactique : « Une collectivité humaine qui renoncerait à ces conséquences de l'unité politique ne serait pas une collectivité politique, car elle renoncerait au pouvoir de désigner par une décision qui fasse autorité celui qu'elle considère et traite comme un ennemi. »[1] 2 / Il s'ensuit que l'ennemi doit être toujours relatif. Ce dernier point est aussi explicitement affirmé par Schmitt : il n'y a pas d'ennemi éternel.

« C'est pourquoi le critère qui consiste en la discrimination de l'ami et de l'ennemi ne signifie nullement non plus qu'un peuple donné sera éternellement l'ami ou l'ennemi d'un autre peuple donné ou qu'une neutralité n'est pas chose possible, qu'elle est un non-sens politique. »[2]

Entre la désignation de l'ennemi et la relativité de l'ennemi, il semble qu'il y ait une corrélation nécessaire. Or d'autres textes de Schmitt rendent un autre écho et conduisent à penser qu'une autre distinction se joue implicitement dans sa pensée, une distinction sans doute plus fondamentale que celle qui sépare *inimicus* et *hostis*. Cette nouvelle distinction n'est pas superposable à la précédente. Je la caractériserais personnellement par l'opposition entre l'ennemi relationnel et l'ennemi substantiel. Il semble qu'une telle différence joue dans les textes de Schmitt, sans pour autant être nommée. C'est elle qui perce peut-être au jour lorsque, dans la préface de mars 1963 au *Concept de politique*, il écrit : « Le

1. *Ibid.*, p. 90.
2. *Ibid.*, p. 74.

défaut principal [de l'édition de 1932 du *Concept de politique*] en est que les différents types d'ennemis, ennemi conventionnel, réel ou absolu, n'y sont pas séparés et distingués avec une clarté et une précision suffisantes. »[1] Cette différenciation des types d'ennemi lui aurait été découverte par Julien Freund et George Schwab. Quoi qu'il en soit, il n'en demeure pas moins qu'à côté de la conception explicite de l'ennemi relationnel court chez Schmitt une conception de l'ennemi substantiel. « Ennemi substantiel » veut dire : indépendant des circonstances, moins désigné par autrui qu'autodésigné par sa nature même, permanent, irréductible au sens où il ne peut être ramené à autre chose ou se transformer en autre chose, mais peut seulement se déguiser ou se masquer.

Pour rendre sensible cette distinction entre ennemi relationnel et ennemi substantiel, il faut revenir un instant à la conception de l'ennemi chez celui que Schmitt considérait comme son maître le plus important, celui dont il pensait être comme le retour au XXe siècle – à savoir, Hobbes. Celui-ci a, en effet, une conception exclusivement relationnelle de l'ennemi. Cela veut dire que chez lui l'ennemi ne peut être caractérisé ni par sa nature, ni par sa substance, ni par aucun caractère qui le distinguerait des autres. L'hostilité est de part en part relationnelle, elle dépend des relations interindividuelles et interétatiques. Il ne s'agit pas d'une tendance inscrite ni dans la nature humaine en général, ni dans celles des États. Si une dynamique de l'hostilité peut s'instaurer, c'est dans la mesure où les hommes ou les États se trouvent entraînés dans un désir illimité de puissance qui les oppose, dont la raison est la volonté pour chacun d'assurer sa sécurité propre pour l'avenir. L'accumulation indéfinie de la puissance caractérise en effet la relation dominante entre individus (hommes ou États) lorsqu'il n'y a pas de pouvoir commun, et dans le cas des États il n'y a jamais de pouvoir commun. La guerre doit donc être comprise chez Hobbes en termes de sécurité, de puissance et d'intérêt. C'est la raison pour laquelle elle est exclusivement relationnelle. Elle dépend des circonstances,

1. *Ibid.*, p. 54.

des moments, des rapports des puissances. Qui est mon ennemi aujourd'hui deviendra peut-être mon ami demain !

Or, contrairement à cette conception purement relationnelle de l'ennemi, il y a chez Schmitt une figure substantielle de l'ennemi que l'on retrouve jusqu'au *Glossarium*. Un passage du *Concept de politique* semble déjà en comporter les linéaments. Parlant de l'ennemi public, Carl Schmitt le caractérise à un moment de la manière suivante :

« Il se trouve simplement qu'il est l'autre, l'étranger, et il suffit, pour définir sa nature, qu'il soit dans son existence même et en un sens particulièrement fort, cet être autre, étranger et tel qu'à la limite des conflits avec lui soient possibles qui ne sauraient être résolus, ni par un ensemble de normes générales, établies à l'avance, ni par la sentence d'un tiers, réputé non concerné et impartial. »[1]

Il y a dans ce texte une référence à l'ennemi qui semble lui donner une teneur substantielle. Les textes de la période nazie, qui vont suivre la publication du *Concept de politique*, vont lui donner une figure concrète : l'ennemi substantiel, c'est l'ennemi de race, le Juif. On retrouvera encore cette figure de l'ennemi substantiel dans le *Glossarium*. Schmitt écrit en effet, à la date du 25 septembre 1947 : « Car les Juifs restent toujours des Juifs. Tandis que le communiste peut s'améliorer ou changer [...]. C'est précisément le Juif assimilé qui est le véritable ennemi. Il n'y a aucune utilité à démontrer que le slogan des Sages de Sion est un faux. »[2] Le Juif assimilé est le véritable ennemi, parce qu'un Juif ne peut pas s'assimiler, il ne peut que se déguiser. L'ennemi substantiel est un ennemi de race, c'est-à-dire de sang. Nous avons vu sa figure se dessiner parfaitement dans les textes où Schmitt se donne pour objet de justifier la législation national-socialiste comme législation raciale.

Mais, avant même ces textes, on voit déjà le concept d'ennemi substantiel, de race et de sang, commencer à dessi-

1. *Ibid.*, p. 67.

2. *Glossarium*, Berlin, Duncker & Humblot, 1991, p. 18 ; trad. franç. Denis Trierweiler, in *Cités*, n° 17, 2003, p. 182.

ner ses contours hideux dans un article de Schmitt, « Les intellectuels allemands » paru dans la revue nazie *Westdeutscher Beobachter* datée du mercredi 31 mai 1933. Il a pour objet, d'une part, de dénoncer les intellectuels qui ont quitté l'Allemagne et qui dénoncent le régime hitlérien de l'étranger, d'autre part, et plus généralement, de discréditer la figure de l'intellectuel en général :

« Aujourd'hui, ces centaines d' "intellectuels allemands" se prélassent à l'étranger et appellent à la guerre contre le peuple allemand. La trahison de leur pays et de leur peuple, qu'ils ont pratiquée secrètement et masquée pendant des décennies, voici qu'ils la pratiquent publiquement face au monde entier. La plupart d'entre eux possèdent encore la nationalité allemande et peuvent encore, dans cette mesure, se dire Allemands. C'est une question en soi – peut-être pas même importante – de savoir s'il serait utile de leur retirer leur nationalité par une loi. Le fait qu'ils se servent de la langue allemande n'en fait pas davantage des Allemands que la falsification de l'argent allemand ne fait des faussaires des Allemands. Au *peuple* allemand, ils n'ont jamais appartenu. »[1]

Cet article de 1933 entend montrer que l'esprit est essentiellement, substantiellement, lié à la race *(Art)*. L'esprit allemand ne peut se concevoir sans appartenance à la race allemande. Contre le libéralisme du XIXe siècle, qui a tenté de réintroduire l'étranger sous la bannière de l'intelligence, de la science et de la liberté d'esprit, il faut reconnaître qu'il n'y a pas d'esprit allemand qui ne soit substantiellement lié au peuple allemand, conçu en termes raciaux. C'est ce que le libéralisme nie, c'est pourquoi il n'est rien d'autre qu'une entreprise de démolition de l'esprit allemand. Définir l'esprit ou l'intelligence sans lien avec le peuple revient à compromettre le sens de l'esprit lui-même : « En vérité, aucun entendement d'un individu unique ne peut se soustraire au tout, à la totalité de son existence *(Dasein)* concrète, et c'est précisé-

1. Trad. Denis Trierweiler. La traduction intégrale de cet article paraîtra en annexe à mon ouvrage *Contre Carl Schmitt*, Paris, PUF, 2005 (à paraître ; cf. l'illustration ci-dessus, p. 2).

ment là son lien au peuple. »[1] Penser autrement, ce serait faire comme si « la géométrie classique par exemple avait tout aussi bien pu être inventée par un nègre intelligent que par le Grec Euclide, et comme si le génie mathématique du philosophe allemand Leibniz était pensable de la même manière quelque part ailleurs et en une autre époque chez les Mexicains ou les Siamois »[2]. La plus vive attaque porte cependant sur le Juif Albert Einstein. Le mieux que je puisse faire en la circonstance, c'est de citer cette attaque effrayante. Elle n'aura besoin d'aucun commentaire de ma part :

> « Il s'agit d'Albert Einstein, que la publicité de ses congénères a osé placer à côté du Christ. Ce "paisible savant" a été démasqué : sa haine des Allemands est pleine de poison. Là, son célèbre relativisme a soudain trouvé ses limites, et non par hasard, mais en raison de la structure d'ensemble de son *Dasein,* qui appartient également à sa pensée et à sa conception globale du monde. Car précisément, lorsqu'il spéculait en relativiste sur les atomes, il est apparu qu'il était lié par chaque fibre, y compris chaque fibre de son cerveau, au peuple auquel il appartient, et à la situation politique de ce peuple. »[3]

L'enracinement racial de la figure du Juif, sa détermination comme ennemi substantiel, commence là. Il donne un nouveau tour à la haine du Juif qui a animé Schmitt depuis ses premiers écrits[4] et qui trouvera une pleine expression dans sa justification des lois de Nuremberg.

Au milieu des années 1930, l'intégration de l'ennemi substantiel de sang, le Juif, dans le droit nazi prend les allures de mise en place de défenses juridiques du sang allemand. Plus tard, l'ennemi substantiel retrouvera sa vraie place, hors du droit, radicalement hors du droit, hors de l'humain

1. *Ibid.*
2. *Ibid.*
3. *Ibid.*
4. Carl Schmitt, *Tagebücher*, Oktober 1912 bis Februar 1915, herausgegeben von Ernst Hüsmert, Berlin, Akademie Verlag, 2003. Cf. également les témoignages et les commentaires de Nicolaus Sombart, *Chronique d'une jeunesse berlinoise,* Paris, Quai Voltaire, 1992, et *Les mâles vertus des Allemands. Autour du syndrome Carl Schmitt,* Paris, Éditions du Cerf, 1999.

même : passage des camps de concentration aux camps d'extermination.

Le Juif, l'ennemi substantiel, n'est pas un ennemi comme les autres, il est celui avec lequel se jouent un affrontement séculaire et une bataille décisive, celle de l'avenir de la civilisation. On retrouve chez Schmitt l'antisémitisme apocalyptique de Hitler[1]. D'ailleurs, ne cite-t-il pas à la fin de sa conférence de 1936 un passage de *Mein Kampf* : « En me défendant contre le juif, je lutte pour l'œuvre du Seigneur »[2] ?

1. Cette question a été bien mise en évidence par Philippe Burrin pour ce qui concerne Hitler, *Ressentiment et apocalypse. Essai sur l'antisémitisme nazi,* Paris, Le Seuil, 2004.

2. Carl Schmitt, « La science allemande du droit dans sa lutte contre l'esprit juif », *Cités,* n° 14, 2003, p. 180.

CHAPITRE III

De la pensée juridique nazie au *Nomos de la terre*

Schmitt a d'une certaine manière pensé, après le nazisme, cette sortie de l'ennemi hors de l'humanité, hors de la valeur, sous la figure de l'ennemi absolu en particulier, mais pas seulement, dans sa *Théorie du partisan* de 1963[1]. Mais paradoxalement l'ennemi absolu, corrélat d'une guerre d'extermination, ne lui servait pas du tout à penser le nazisme, qui a pourtant fait de l'ennemi substantiel un ennemi absolu au sens de Schmitt, mais la guerre atomique. Schmitt esquive ainsi la plus radicale mise en évidence de la nature même du nazisme en déplaçant la question de l'extermination sur les potentialités ouvertes par la nouvelle arme.

« Le développement technique et industriel a porté les armes de l'homme à un niveau où elles sont de purs instruments d'extermination [...]. Ces moyens de destruction absolus exigent des ennemis absolus sous peine d'être absolument inhumains. Car ce ne sont pas les moyens d'extermination qui exterminent, mais les hommes qui exterminent d'autres hommes par ces moyens. »[2]

S'il va de soi que ce ne sont pas les moyens d'extermination qui exterminent, mais les hommes qui exterminent par leurs

1. *Theorie des Partisanen* (1963), Berlin, Duncker & Humblot, 1995 ; *Théorie du partisan,* trad. Marie-Louise Steinhauser, Paris, Calmann-Lévy, 1972.
2. *Ibid.*, p. 309.

moyens, alors il faut inverser le rapport établi par Schmitt dans ce passage entre moyens de destruction et ennemis absolus : ce ne sont pas les moyens de destruction qui exigent un ennemi absolu mais, à l'inverse, l'ennemi absolu qui exige des moyens de destruction absolus. Telle fut la nature du régime nazi qui n'a pas attendu la bombe atomique pour construire des armes et des machines d'extermination. Incroyable, mais vrai : ce n'est pas à propos du nazisme que Schmitt écrit le passage qui suit. Aveuglement ou mauvaise foi ?

« Les hommes qui utilisent ces moyens contre d'autres se voient contraints d'anéantir aussi moralement ces autres hommes, leurs victimes et leurs objets. Ils sont forcés de déclarer criminel et inhumain dans son ensemble le camp adverse, d'en faire une non-valeur totale, sous peine d'être eux-mêmes des criminels ou des monstres. La logique de la valeur et de la non-valeur déploie sa pleine rigueur destructrice et contraint à des discriminations, à des criminalisations et à des dépréciations toujours nouvelles, toujours plus profondes, jusqu'à l'extermination de tout sujet sans valeur, indigne de vivre. »[1]

Le nazisme a-t-il jamais été autre chose ? Dans la période postnazie, le nazisme semble devenir le point aveugle de la pensée de Schmitt. On ne pourrait comprendre autrement comment cette caractérisation de la guerre d'extermination qui convient parfaitement au nazisme ne lui soit précisément pas appliquée. L'ennemi substantiel (le Juif), ennemi absolu (innommé par Schmitt dans le nouveau contexte) exige le déclenchement de l'opération d'extermination. Cette opération est en outre parfaitement conçue par Schmitt comme à la fois absolue et « toute abstraite »[2] : nettoyage racial en quelque sorte.

Je ne peux ici développer dans toutes leurs implications des positions de Schmitt sur ses écrits de l'époque postnazie. C'est en partie l'objet de mon livre *Contre Carl Schmitt*. Je me

1. *Ibid.*, p. 310.
2. *Ibid.*

contenterai pour l'instant de dessiner quelques pistes. Ainsi, en 1934, Carl Schmitt publie un article dans le numéro 10 de *Deutsches Recht,* organe central du Bund des juristes national-socialistes, et qui s'intitule « La pensée juridique national-socialiste »[1]. Or il met en place dans ce texte un concept du *nomos* que l'on retrouvera dans *Le Nomos de la terre* paru à Cologne en 1950[2]. Schmitt y reprend la critique de la conception du *nomos* comme loi et celle du normativisme juridique, conceptions qui se sont étendues à l'ensemble de la pensée juridique. C'est là une conception abstraite qui sépare le droit de la vie des peuples et des époques. Elle désolidarise la norme générale, la règle universelle, de la situation concrète et de l'ordre réel. Pour illustrer cette critique du sens normativiste du *nomos* et en promouvoir un concept concret lié à l'existence des peuples réels, il prend l'exemple suivant :

« Pour illustrer cela, un cas précis qui se répète des douzaines de fois sous diverses formes : des jeunes gens des jeunesses hitlériennes qui voient apparaître dans leur village avec l'intention d'y passer la nuit une association de jeunes qu'ils ne connaissaient pas jusque-là, décidèrent de conquérir en guise de trophée le drapeau de cette association. Ils grimpèrent dans la chambrée et s'emparèrent du drapeau ennemi. Ils ont été dénoncés pour vol grave avec effraction et ont appris par la police, à leur grand étonnement, qu'ils avaient commis une atteinte délictueuse à la propriété : objet meuble étranger, appropriation contraire au droit, abus de confiance, etc. Par-dessus un état de faits concret que tout homme doté d'un sentiment clair de la justice juge correctement, on jette un filet proprement fantomatique de concepts généraux. Ce type de jurisprudence oblige précisément à ne pas voir ce qu'il y a de réel, et également de juridiquement réel, dans le cas, à méconnaître intentionnellement qu'il ne s'agit pas là du tout d'une atteinte délictueuse [...]. L'activité, en aucune manière répréhensible, de la conscience de soi juvénile et

1. La traduction par Denis Trierweiler de cet article que nous citons ci-dessous sera également publiée en annexe au *Contre Carl Schmitt.*

2. Carl Schmitt, *Der Nomos der Erde,* Cologne, Greven Verlag, 1950 ; traduction par Lilyane Deroche-Gurcel, révisée, présentée et annotée par Peter Haggenmacher, Paris, PUF, 2001.

d'un sentiment de soi politiquement sain, devient répréhensible et est mise sur le même plan que le vol le plus crapuleux, par la subsomption de tels concepts généraux. »

Le normativisme bouleverse l'ordre réel du droit, il consiste en « l'exagération d'un seul élément, qui n'en est pas même l'élément central, de la pensée juridique : la *règle,* la norme générale, la *loi* à la différence du droit *(Recht)* ». L'ensemble de la pensée juridique se trouve réinterprété par là. La dérive normativiste a commencé avec la réception du droit romain dans l'histoire de la pensée juridique : « Dans la réception du droit romain, c'est tout un livre qui fait l'objet d'une réception sommaire en tant que *ratio scripta.* Depuis le XVe siècle, le juriste allemand a été déformé dans son existence entière, parce qu'on lui apprenait qu'il était "juridique" non pas de voir d'abord l'état de faits concret, l'ordre interne concret, que toutes choses saines portent en elles, mais à rechercher dans un livre d'une terrifiante épaisseur les décisions et les normes qui s'y trouvaient consignées. Il va sans dire que toute réception d'un livre de droit écrit étranger d'une telle ampleur modifie le type même du juriste d'un peuple. » C'est donc contre la réception du droit romain détaché de l'existence du peuple romain lui-même et transformé en norme juridique universelle que se trouve la tâche de la pensée juridique national-socialiste. Schmitt appelle ainsi le droit national-socialiste à mener un combat contre le droit romain afin de retrouver le sens vrai du *nomos* : « C'est là une question de situation concrète, mais c'est aussi une question qui concerne le *type* (Art) *concret* d'un peuple. *Chaque peuple a un type juridique qui lui est propre.* Il va de soi que le style de pensée juridique des Français est autre que celui d'un Allemand ou d'un Anglais. » Or la réception du droit romain n'a pu avoir une telle force de bouleversement de la pensée juridique allemande, détruisant le sens concret de la justice, que parce qu'elle a été renforcée par la vision juive du monde. Celle-ci doit être combattue comme le soutien réel et actuel à une vision universaliste et abstraite du droit qui corrompt le sens concret du droit et de la justice de chaque peuple. Qu'il faille combattre la conception juive du droit, cela revient à dire qu'il faut combattre le Juif lui-même dans son existence essentielle d'étranger, d'hôte, de métèque :

« Le type de pensée normativiste qui est né de la sorte chez nous a été poursuivi et encouragé au XIXe siècle par le fait que *l'intrusion du peuple juif hébergé chez nous* a poussé plus avant encore le développement vers une pensée de la loi normativiste. En premier lieu, en raison de la spécificité du peuple juif, qui, depuis des millénaires, ne vit pas dans un État et sur un sol, mais uniquement dans la loi et la norme, et qui est, au sens le plus authentique du terme, un peuple "existentiellement normativiste". Mais, en second lieu, il va de soi qu'un étranger, un hôte, un métèque ne considère le droit du peuple chez lequel il est un hôte que sur le mode normativiste et selon le point de vue de la sécurité juridique. Puisqu'il ne fait pas partie de la réalité du peuple dans laquelle il vit. Il en conçoit le droit comme une norme qu'il peut évaluer, comme critère du fonctionnement étatique auquel il s'adapte et en fonction duquel il calcule "comment il peut se protéger de l'État". »

Il me semble que l'on touche là à une dimension implicite, non dite du *Nomos de la terre*. Mais il faudrait aller au-delà et montrer comment les conceptions schmittiennes de la décision, de la dictature, de l'exception, élaborées avant le nazisme, et alors même que Schmitt était extérieur à ce mouvement, ont fourni des conceptions juridico-politiques dont l'usage sera d'un grand effet idéologique, mais aussi probablement pratique, dans la justification du nazisme à partir de 1933. Mais je reviendrai sur ces points dans mon livre *Contre Carl Schmitt*.

CONCLUSION

Le nazisme n'est pas un accident de l'Histoire. La forme qu'il a prise une fois qu'il s'est emparé du pouvoir ne l'est pas non plus. Il en va de même pour la mise en œuvre de l'extermination de ce qu'il faut bien appeler l'ennemi substantiel. Avant les actes et les pratiques, il y a les idées où ils sont conçus et acceptés. J'ai essayé de montrer comment la théorie de l'ennemi substantiel, comme ennemi de race, avait joué un rôle important dans la justification des lois du nazisme. Il faudra attendre le franchissement d'une étape supplémentaire pour que la lutte à mort contre l'ennemi de race conduise à mettre la solution finale à l'ordre du jour. Ce qui s'établit et se justifie dans l'esprit passe ensuite souvent dans la réalité pour le meilleur ou pour le pire. Ici il s'agit du pire, de ce que l'homme a fait de pire.

Il y a quelqu'un qui a dit cela avant moi, bien mieux que moi et beaucoup plus légitimement que moi. Je voudrais terminer ce livre en lui laissant la parole. Il s'agit de Primo Levi. Personnellement, quand j'écoute ce qu'il dit dans le texte qui va suivre, je ne puis m'empêcher de penser à Carl Schmitt, le nazi.

« Beaucoup d'entre nous, individus ou peuples, sont à la merci de cette idée, consciente ou inconsciente, que "l'étranger c'est l'ennemi". Le plus souvent, cette conviction sommeille dans les esprits, comme une infection latente ; elle ne se manifeste que par des actes isolés, sans lien entre eux, elle ne fonde pas un système. Mais lorsque cela se produit, lorsque le dogme informulé est promu au rang de prémisse majeure d'un syllogisme, alors, au bout de la chaîne logique, il y a le *Lager* ; c'est-à-dire le produit d'une conception du monde poussée à ses plus extrêmes conséquences avec une cohérence rigoureuse ; tant que la conception a cours, les conséquences nous menacent. Puisse l'histoire des camps d'extermination retentir pour tous comme un sinistre signal d'alarme. »[1]

1. Primo Levi, *Si c'est un homme,* Paris, Pocket, 2000, p. 7-8.

DEUXIÈME PARTIE

Annexes : documents

La justification des lois de Nuremberg du 15 septembre 1935

Textes de Carl Schmitt

traduits de l'allemand
par Denis Trierweiler

La Constitution de la liberté par Carl Schmitt

Deutsche Juristen Zeitung

éditée par le Pr Dr Carl Schmitt

Berlin, le 1er octobre 1935

Le 15 septembre 1935, lors de la journée du parti du Reich pour la liberté, le Reichstag allemand a établi la loi du Reich sur le drapeau, la loi du Reich sur la citoyenneté, et la loi sur la protection du sang allemand et de l'honneur allemand.

Ce Reichstag fut quelque chose d'autre et quelque chose de plus que le parlement d'un compromis constitutionnel, c'est pourquoi ses lois sont elles aussi quelque chose d'autre et davantage que les produits de la discussion et de la coalition d'un système multiparti. Le Reichstag rassemblé à la journée du parti du Reich fut le peuple allemand lui-même, porté par le mouvement national-socialiste et obéissant au Führer Adolf Hitler ; les lois [de ce peuple] sont depuis des siècles la première Constitution allemande de la liberté.

Pendant des siècles, le peuple allemand n'a connu, en lieu et place de la liberté *(Freiheit)*, que des libéralités *(Libertäten)* ou du libéralisme *(Liberalismus)*. Les libéralités *(Libertäten)* de la Constitution allemande des XVIIe et XVIIIe siècles ont permis à tous les profiteurs de cette triste situation, que ce soit en politique intérieure ou extérieure, de se livrer au déchirement étatique de notre peuple. Les libertés libérales des constitutions du XIXe siècle ont été exploitées par les puissances internationales pour ériger en droit fondamental la décomposition confessionnelle et la décomposition de classe du peuple allemand. C'est ainsi que la liberté conforme à la Constitution était devenue une arme et un slogan aux mains de tous les ennemis et de tous les parasites de l'Allemagne. C'est une escroquerie que nous avons percée à jour. Nous avons reconnu que les constitutions libérales sont les formes de déguisement typiques de la domination étrangère. Un peuple peut avoir la constitution la plus libérale du monde et n'être tout de même qu'un ramassis d'esclaves rétribués à la solde et aux intérêts. Et une constitution peut, comme nous en faisons l'expérience aujourd'hui, être moquée comme médiévale et tournée en dérision par toute l'Internationale du libéralisme et du marxisme, et ainsi apporter justement la preuve qu'un peuple a trouvé son genre *(Art)* authentique et s'est libéré de la domination spirituelle étrangère.

Pour la première fois depuis des siècles, les concepts de notre Constitution sont redevenus allemands. Nous ne cherchons pas à diminuer nos ancêtres libéraux. Car à travers les erreurs de leurs conceptions libérales, même chez eux, la substance allemande et la voix du sang allemand restent souvent reconnaissables. Quel juriste allemand serait aujourd'hui incapable de faire la différence entre un Lorenz von Stein et un Stahl-Jolson, un Rudolf Gneist et un Lasker, un Otto Bähr et un Jakoby, un Rudolph Sohm et un Friedberg ? Le noir, le blanc et le rouge – les couleurs du IIe Reich sacrées par la guerre –, nous continuons à les vénérer. Mais nous ne pouvons pas pérenniser la pensée juridique et constitutionnelle de nos pères et de nos grands-pères libéraux. Car elle était complètement intriquée dans le réseau conceptuel de systèmes non allemands. Ce qu'ils prenaient pour du droit constitutionnel n'était que du droit de réception franco-anglaise. Ils confondaient la liberté allemande avec le programme d'un parti du progrès, et ils masquaient le compromis légitimiste bourgeois par des concepts généraux de neutralité. Leurs *Verfassungen* étaient des constitutions[1] : leurs sessions du Reich et leurs sessions des Länder étaient des parlements. Les citoyens de leur État *(Staatsbürger)* étaient une transposition ratée du *citoyen*. Leurs constitutions *(Verfassungen)* ne parlaient pas du sang allemand et de l'honneur allemand. Le mot « Allemand » n'apparaît que pour souligner que « tous les Allemands sont égaux devant la loi ». Mais cette phrase, dont le sens aurait été justifié par un concept *völkisch* substantiel de ce qui est allemand, ne servait au contraire qu'à traiter sur un pied d'égalité ceux qui ne sont pas de la même race *(Artungleiche)* que les Allemands, et à considérer comme Allemands tous ceux qui étaient égaux devant la loi. C'est ainsi que le peuple en était venu à représenter la somme de ceux qui appartenaient à l'État *(Staatsangehörigen)*, et l'État à représenter la personne juridique invisible. Devrions-nous encore nous étonner, dans ces conditions, que le drapeau de l'Allemagne nationale-libérale ait été un côte-à-côte de couleurs

1. *N.d.T.* : L'allemand dispose de deux termes pour désigner la constitution, ce qui permet à C. Schmitt d'en jouer en utilisant le terme allemand, *Verfassung*, pour tourner en dérision le terme d'origine latine de *Constitution*.

conforme au modèle tricolore, dépourvu de la force d'un véritable symbole ?

Aujourd'hui, le peuple allemand est redevenu allemand, y compris au sens juridique. Après les lois du 15 septembre, le sang allemand et l'honneur allemand sont redevenus les concepts majeurs de notre droit. L'État est désormais un moyen au service de la force et de l'unité *völkisch*. Le Reich allemand a un seul étendard, le drapeau du mouvement national-socialiste, et ce drapeau n'est pas seulement composé de couleurs mais aussi d'un grand et d'un authentique symbole : le signe du serment populaire *(Völkerbeschwörend)* de la croix gammée.

Mais la journée de la liberté du parti du Reich a entraîné encore une autre décision en termes de droit constitutionnel. Pour le cas où la réglementation actuelle de la situation des Juifs ne porterait pas ses fruits, le Führer a évoqué la possibilité d'un nouvel examen de la question, et il a ainsi laissé entendre que, à défaut de solution légale de la question, celle-ci pourrait être transférée au parti. C'est là une mise en garde sérieuse. Car, de la sorte, le parti ouvrier national-socialiste allemand est déclaré être le veilleur de la sainteté *völkisch* : le gardien de la Constitution.

Les fondements de notre ordre *völkisch* sont maintenant fermement établis : le peuple allemand avec son Führer en tant que chef de l'État et juge suprême de la nation ; l'ordre du mouvement national-socialiste en tant que gardien de notre constitution ; la Wehrmacht allemande avec le Führer comme chef suprême. Pour les juristes allemands commencent ainsi de nouvelles et grandes tâches. En tant que nous sommes l'ordre juridique allemand *(Rechststand)*, il nous incombe de protéger le droit du peuple allemand clairement établi par ces lois. La mise en garde du Führer s'adresse également à nous. Il ne faut pas que notre droit se décompose et tombe aux mains du démon sans cœur qu'est la dégénérescence *(Entartung)*. Ces lois ne doivent pas seulement être pour nous les préambules de décrets d'application à venir. Ce ne sont pas non plus trois lois importantes spécifiques à côté d'autres lois importantes. Elles englobent et traversent l'ensemble de notre droit. C'est à partir d'elles que se détermine ce qui peut être appelé, par nous, moralité et ordre public, civilité *(Anstand)* et bonnes mœurs. Elles sont la Constitution de la liberté, le cœur de notre droit allemand aujourd'hui. Tout ce que nous entreprenons en tant que juristes allemands ne reçoit son sens et sa dignité qu'à partir d'elles.

La législation national-socialiste et la réserve de l'« ordre public »[1] *dans le droit international privé*[2]

par le conseiller d'État,
le Pr Dr Carl Schmitt

Membre de l'Académie
pour le droit allemand

Berlin, le 28 novembre 1935

J'aimerais faire précéder mon exposé, qui traite d'un thème très difficile et complexe, d'un préambule que vous voudrez bien considérer comme une *captatio benevolentia,* et que, en tant que spécialistes de ce domaine difficile, vous trouverez aisément compréhensible : je parle ici en juriste qui s'adresse à des juristes. En tant que juriste scientifique, je m'exprime ici en totale liberté scientifique ; je ne parle pas en tant que mandataire officiel, mais je suis conscient de la lourde responsabilité qu'impli-

1. *N.d.T. :* en français dans le texte.
2. Exposé tenu à la l'occasion de la session de l'*International Law Association* du 28 novembre 1935 à Berlin publié par Hans Frank in *Zeitschrift der Akademie für Deutsches Recht,* cahier 3, 1936.

que le traitement d'un problème juridique aussi vaste.

Je n'ai pas besoin de m'étendre longuement sur les difficultés ; tout spécialiste les connaît. Elles se trouvent dans la nature même d'un tel problème. Car, lorsqu'il est question de l'application du droit international à des états de faits internationaux, ce ne sont pas seulement les diversités de la législation positive des divers États qui entrent en ligne de compte, mais aussi la diversité des normes de collision en fonction desquelles se détermine l'application de l'une ou l'autre proposition juridique ; ce sont aussi les diversités des principes qui sont au fondement aussi bien des législations positives que des normes de collision positives des divers États : principes des attitudes fondamentales sur le plan éthique, moral, relevant de la vision du monde *(weltanschaulich)*, religieux, lesquelles, dans notre domaine justement, se font valoir de manière extraordinairement forte. L'objet même de mon exposé contient déjà un type spécifique de difficulté. Dans le prolongement d'un remarquable exposé de Bartin[1] de l'année 1899, cet aspect du problème est le plus susceptible d'être délimité comme suit : le droit international privé présuppose, d'une part, la diversité des lois ; en effet, on n'en viendrait pas même à des collisions entre les normes si ces normes n'étaient pas différentes. D'autre part cependant, il est inhérent au droit international privé qu'à son fondement se trouvent un certain accord et une certaine parenté entre les normes et les concepts qui entrent en collision ; car si les normes étaient totalement disparates selon leur contenu, si elles se trouvaient côte à côte sans aucun rapport entre elles,

1. « Les dispositions d'ordre public », *Études de droit international privé,* Paris, 1899.

alors un droit international privé qui ordonne ces collisions entre les normes ne serait pas non plus possible. Ainsi n'est-ce que dans un certain espace intermédiaire qu'une matière comme notre droit international privé est pensable et peut exercer ses effets.

Mais ce ne sont là que les difficultés générales, découlant de la nature même du droit international privé. Les difficultés ne font que croître démesurément encore lorsque entre en application la soi-disant « réserve de l'*ordre public* », ou de la *public policy,* ou la « réserve des bonnes mœurs », ainsi que nous pouvons le formuler en vertu de l'article 30 de la loi introductive au Code civil allemand. Cette célèbre réserve de l'*ordre public,* qui reçoit les traitements les plus divers aussi bien en théorie qu'en pratique, ne cesse de menacer d'ébranlement l'édifice péniblement érigé du droit international privé. Car l'invocation des bonnes mœurs et des principes fondamentaux de l'ordre juridique propre à l'encontre de principes divergents de l'ordre juridique étranger recèle la menace de disqualifications morales réciproques, le danger de vouloir avoir raison à tout prix et de donner des leçons au droit étranger : un anathème réciproque qui conduit finalement le DIP dans un cul-de-sac. Il est donc compréhensible que ce soit justement au cours des dernières décennies que se sont fait entendre partout, non seulement les doutes les plus virulents, mais de véritables anathèmes à l'encontre de cette réserve de l'*ordre public.* À la septième réunion annuelle de la Société allemande pour le droit des gens, à Wiesbaden en 1926, le Pr Lewald a rappelé dans son intervention à quel point la littérature scientifique du droit international privé avait utilisé des formulations virulentes contre la réserve de l'*ordre public* dans le DIP. On a ainsi parlé de la « guillotine » de l'ordre public, on a présenté la chose comme un débordement de « vanité nationale »[1] et comme le triomphe d'un « chauvinisme juridique », on a parlé de minage du sol du DIP, d'un pont aux ânes ; on a parlé d'un « sphinx », et même dit que cet *ordre public* était « le ver dans le bois du droit international privé ». Je pourrais encore citer bon nombre de ces belles formulations, mais les exemples donnés montrent sans doute déjà bien assez que nous touchons ici à un point particulièrement intéressant de science juridique qui semble soudain doter d'une grande fantaisie et d'un langage très imagé des juristes par ailleurs plutôt secs et abstraits.

Voici comment se présente notre problème dans sa généralité. Mais lorsqu'il ne s'agit plus seulement de la collision entre des normes juridiques isolées et quotidiennes entre instituts juridiques, mais que de grands et nouveaux principes s'entrechoquent, alors les oppositions se font naturellement encore plus vives et énergiques, et le danger augmente que l'idée même d'un droit international privé ne s'effondre. Le cas d'école usuel de la polygamie, nous ne l'avons guère ressenti comme un tel danger ; je me contente donc de le rappeler. En revanche, nous avons expérimenté au cours du siècle dernier un autre grand combat de vision du monde *(Weltanschauung)* dans le reflet des problèmes du droit international privé, à savoir les collisions auxquelles conduit constamment une conception proprement religieuse du droit du mariage opposée à une conception purement mondaine de ce même droit. Je rappelle ici le cas célèbre de la collision du droit du mariage autrichien, ou de la législation d'États

1. En français dans le texte. *(N.d.T.)*

orthodoxes en matière de droit religieux du mariage ou de droit de la famille, avec le droit fondamentalement mondain d'autres pays ; et il y a ici lieu de mentionner la praxis française, se réclamant de l'*ordre public*, qui a tout particulièrement souligné le versant relevant de la *Weltanschauung* en se référant aux idées de 1789 et à une laïcité fondamentale. Le non-respect de l'interdiction ecclésiastique du mariage des prêtres ou le non-respect des conceptions ecclésiastiques sur l'indissolubilité du mariage sont des exemples de la pénétration d'un droit du mariage mondain s'opposant à un droit du mariage ecclésiastique. Afin de rendre plus claires les particularités de notre problème – influences de la législation national-socialiste sur des questions de DIP –, je voudrais ici rappeler d'un mot cette collision entre des visions du monde différentes.

I

Par la législation national-socialiste, c'est un nouveau principe, en termes de *Weltanschauung*, qui apparaît dans la législation d'un pays européen. Il est tout à fait évident que c'est ici, et tout particulièrement dans la *législation raciale* national-socialiste, que se trouve le véritable cœur de notre problème. Nous sommes ici en présence d'une législation portée par la pensée de la race qui se heurte aux lois d'autres pays qui, de manière tout aussi fondamentale, ne connaissent pas, ou même rejettent les *distinctions raciales*. Dans un moment pareil, le maniement de l'*ordre public* peut conduire à des exagérations radicales et à des oppositions démonstratives qui, il faut le reconnaître, justifieraient alors largement les damnations de l'*ordre public* préalablement évoquées.

C'est là la question nodale de mon exposé. J'ose espérer que tout un chacun voudra bien admettre, et même – au vu du champ prodigieux couvert par la législation national-socialiste ces dernières années – approuver le fait que je me limite à ces collisions qui résultent de l'opposition entre une législation portée par la pensée de la race et les lois d'autres pays qui ne font pas la distinction raciale. Je laisse de côté de nombreuses nouvelles mesures de la législation national-socialiste, comme par exemple le droit des corporations *(Das ständische Recht)* et le droit de l'héritage agricole *(Erbhofgesetz)*[1]. Ici aussi apparaissent d'importantes nouvelles questions, comme c'est toujours le cas lorsque naissent de nouvelles dispositions de droit. Mais je ne pense pas que, sur le plan de la *Weltanschauung,* ces questions aient des effets directs à ce point fondamentaux qu'on ne pourrait facilement les mettre en accord et en harmonie avec d'autres conceptions, en particulier à l'aide de conceptions plus anciennes et de divers précédents. Par ailleurs, je laisse de côté toutes les questions qui ne relèvent que des *relations juridiques* concernant *la faute et l'obligation,* bien que celle-là aussi soulève aujourd'hui une considérable quantité de problèmes, et que bien des auditeurs seront peut-être déçus de ne pas en entendre parler. Mais, s'agissant des relations sur la faute et l'obligation, en

1. *N.d.T. :* Le « Reichserbhofgesetz » du 29 septembre 1933 est une loi qui, dans le but de promouvoir et de protéger l'agriculture allemande (et pour le régime, de mettre les paysans dans de bonnes dispositions), édicta que toutes les fermes d'une superficie allant de 7,5 à 125 ha étaient protégées par le sol et le sang et que, par conséquent, elles ne pouvaient être vendues ou hypothéquées, et devaient être héritées en droite ligne par le fils aîné de la famille. Cette politique agraire NS devait rendre l'Allemagne indépendante de toute importation et assurer le ravitaillement de la population pendant la guerre. Ne pouvait bien entendu être *paysan (Bauer)*, au sens préalablement défini par la loi, que celui qui était citoyen allemand de *sang allemand.*

particulier des échanges et du marché international, il y est plutôt question du versant davantage formel et neutre de nos normes de collision. Ces questions juridiques sont tout autrement posées que les questions – qui nous intéressent ici – surtout des droits raciaux, et elles sont d'ailleurs relativement indépendantes de notre nouvelle législation, en termes de droit international privé. Car la partie du droit international privé concernant la faute est, à la différence d'une autre de ses parties, relativement « neutre ». On a pu dire que les normes du droit international privé, parce qu'elles sont de simples normes de collision, étaient absolument indépendantes du contenu des normes de collision. Sous cette forme généralisée, je considère cela comme une exagération, et je crois que ce serait pratiquer le normativisme le plus abstrait de considérer comme un blanc-seing les normes de collision et le système du droit international privé dans leur ensemble, en suite de quoi le contenu des normes en collision serait indifférent, parce que les normes de collision comme telles auraient leur propre logique autonome. Il se peut que cela soit très largement pertinent pour des relations juridiques ayant trait à la faute, mais en aucun cas pour les institutions en collision comme celles du droit du mariage. Dans ce cas précis, une isolation abstraite des normes de collision, détachée du contenu des normes en collision, se vengerait et conduirait à des résultats injustes. En revanche, le choix de laisser de côté les questions juridiques touchant à la faute dans le droit international des échanges et du marché peut être justifié parce que aucun problème spécifiquement nouveau n'a ici pris corps.

Cela vaut particulièrement pour la *législation sur les devises*. En cas de nécessité, tout pays peut se retrouver dans la situation de devoir prendre des mesures de défense ou de protection dans ce domaine. Dans une situation critique, à tout le moins dans les pays non bolchevistes, il n'y aura là pas de différences entre les pays ayant des *Weltanschauung* différentes. Ici n'intervient pas la collision de principe spécifiquement liée à la *Weltanschauung* telle qu'elle apparaît en revanche avec l'introduction du nouvel univers de la pensée raciale. Je déplore au plus haut point qu'une décision récente du tribunal fédéral suisse ait rejeté, en se réclamant de l'*ordre public* suisse, l'application de la législation allemande sur les devises, ce qui a empêché un homme d'affaires allemand d'honorer ses obligations suisses par un paiement sur un compte de crédit bloqué. Mais une telle application de l'*ordre public* pourrait tout aussi bien se tourner contre une législation sur les devises italienne, ou autrichienne, ou autre, sans qu'il y ait là, au sens spécifique, une conséquence précisément de la nouvelle *Weltanschauung* national-socialiste, c'est-à-dire une véritable collision de principes.

Voici pourquoi il est sans doute justifié que je me cantonne ici à la législation raciale, et plus particulièrement à celle qui concerne le mariage. Il me semble qu'au vu de cette législation et de l'observation de quelques faits constitutifs typiques, il est possible de parvenir à un jugement assuré sur le caractère d'ensemble de notre nouvelle législation national-socialiste eu égard à ses effets sur le droit international privé. C'est également ici que l'on est le mieux à même de clarifier cette opposition extraordinairement excitante *(ausserordentlich aufregend)* entre une conception fondamentalement raciale et une autre fondamentalement non raciale du mariage, de la famille et du peuple. Les questions qui doivent être spécifiées au sein du grand ensemble de questions que nous avons évoqué présentent une double caractéristique. Tout d'abord par le fait que, ici, le droit positif allemand fait la *distinction entre sujets de l'État juifs et sujets de l'État allemands* ; c'est là un point essentiel de notre législation raciale, en particulier dans la loi du Reich du 15 septembre 1935 pour la protection du sang et de l'honneur allemands. Mais le champ spécifique de questions qui est ici le nôtre présente encore une autre particularité par rapport aux questions laissées de côté, en ceci qu'il s'agit là d'interventions sur des questions qui sont spécifiquement des *questions de statut*, non pas de relations singulières ayant trait à la faute, mais du statut personnel des sujets de l'État singuliers, de mariage et de famille en tant qu'institutions, du peuple en tant qu'unité dans le tout. Par cette double caractérisation, le traitement particulier de ce champ de questions précisément devrait être justifié.

Concernant cette législation raciale particulière et les questions de statut qui y sont liées, deux fautes et erreurs précises menacent : le penchant à une *radicalisation abstraite* contraire à l'essence de la pensée juridique national-socialiste, et le danger de *minimiser* en le méconnaissant le caractère spécifiquement *völkisch*[1] de notre législation. Je me suis rendu compte, à travers des conversations, mais aussi certains articles de journaux, que l'on tente de comparer l'apparition de la nouvelle pensée du droit national-socialiste dans la vie juridique internationale, avec l'apparition de la législation bolcheviste

1. *N.d.T. :* Nous ne traduisons pas le terme *völkisch,* dont on sait à quelles interminables controverses il a donné lieu. Signalons tout de même que, d'une part, le *Langenscheidt* allemand-français de 1927 donne : *völkisch* = raciste. En outre, le premier traducteur de *Mein Kampf* a lui aussi rendu *völkisch* par « raciste ».

depuis 1919. À ce moment-là aussi, lorsque les relations entre l'Union soviétique et d'autres pays ont été nouées, sont apparues des questions difficiles et directement insolubles, en particulier la question de savoir jusqu'à quel point des dispositions juridiques comme celles de la propriété, du mariage, de la famille au sens du droit soviétique pouvaient seulement correspondre à des concepts juridiques analogues des autres peuples non communistes-bolcheviques. Bartin a publié sur ce point un excellent exposé. Pour l'Allemagne, nous avons réglé la question dans un domaine particulièrement difficile par un règlement contractuel spécifique, à savoir la convention de succession du 12 octobre 1925, en contournant ainsi le problème de l'*ordre public* par un règlement positif. Mais on imagine les confrontations graves auxquelles on aurait abouti si des lois bolchevistes étaient entrées en collision ouverte avec les lois d'États non bolchevistes, et si chaque partie en présence y avait répondu en se réclamant de l'*ordre public*. À l'encontre de ce parallèle peut-être tentant pour maint observateur étranger entre la législation national-socialiste et la législation bolcheviste, je voudrais souligner deux directions de la spécificité de la législation national-socialiste, tout particulièrement en ce qui concerne les questions du droit international privé.

En premier lieu : le droit national-socialiste n'est pas un droit qui englobe l'univers et l'humanité, et il ne veut pas l'être. C'est là une différence essentielle par rapport au droit bolcheviste. Il n'est *pas universel, pas international, pas impérialiste, pas agressif*. Ce n'est pas le droit d'une classe qui est celle de la révolution mondiale. Il ne prétend pas représenter le degré le plus progressiste du droit de l'humanité tout entière, degré qui devrait être imposé – le cas échéant par la violence – à tous les autres États. *Notre droit est un droit* völkisch. Par le fait précisément qu'il dégage le caractère *völkisch* de son ordre juridique propre, comme de tous les autres, il fait retour au seul fondement possible de tout droit international pensable, et même de tout droit international privé : *le principe de la prise en compte et du respect réciproque de la particularité* (Eigenart)[1] *des peuples.* Ainsi donc, le droit national-socialiste n'a pas la prétention de déterminer qui est Anglais, Français ou Japonais ; mais il considère en revanche que le droit de déterminer ce qui est *allemand*, ce qui est substance allemande, et ce qui est nécessaire à la protection du sang allemand, *est et reste l'affaire du peuple allemand lui-même.* Cette première caractéristique contraire à la pensée juridique bolcheviste, qui est impérialiste, englobe l'humanité tout entière, est agressive ; ce caractère *völkisch* de part en part défensif est donc la première marque de notre législation national-socialiste. Par là deviennent fondamentalement caducs toute transposition et tout parallèle, tels ceux envisagés dans les années 1920, entre une unification possible ou non de la législation bolcheviste avec la législation des autres pays.

La législation national-socialiste ne cherche pas, comme la législation bolcheviste, à supprimer ou à détruire, en vertu d'une quelconque idéologie juste ou fausse, les dispositions européennes traditionnelles : mariage, famille, propriété et héritage. Elle ne cherche pas à les surmonter historiquement, mais au

1. Le radical *Art*, « genre », mériterait lui aussi de longs développements ; la *Eigenart*, le genre propre, concerne tous ceux qui sont *artgleich*, du même genre, c'est-à-dire de la même race, à l'exclusion de toutes les autres races. Ainsi, la traduction, désormais fréquente, de *artgleich* par « homogène » nous semble fortement sujette à caution. On verra un peu plus bas que *Entartung* signifie « dégénérescence ».

contraire à les rétablir et les protéger du déclin et de la dégénérescence *(Entartung)*. Les ordres existentiaux qui sont communs à tous les peuples européens, les institutions comme le mariage, la famille et le foyer doivent redevenir purs, sains et authentiques. En suite de cela, la *ratio legis,* le traitement législatif, en particulier du mariage dans le droit national-socialiste est totalement différent et en rien comparable au traitement du mariage dans le droit bolcheviste.

De la même façon, notre attitude générale en matière d'*ordre public* aussi bien est différente de ce qu'elle pourrait sembler être de prime abord. Je crois même que nous pouvons maintenant nous montrer particulièrement généreux dans notre traitement de l'*ordre public*. Étant donné que nous avons à nouveau de véritables distinctions *(Unterscheidungen)* et de profonds principes, nous n'avons plus besoin de perpétuer les crispations traditionnelles de l'*ordre public* venues de notre droit privé interterritorial du XIXe siècle. Si les tribunaux, confrontés à un mariage *juif* qui, selon les règles du droit international privé, obéit aux déterminations de la loi juive, c'est-à-dire au Choul'han 'Aroukh, adoptaient jusqu'à présent le point de vue que le divorce extraordinairement facile du Choul'han 'Aroukh, qui permet au mari de rompre le mariage par simple envoi d'une lettre de divorce, ne correspond pas à la vie des mœurs du *peuple allemand,* et en se référant à l'*ordre public,* refusaient l'application de telles déterminations en Allemagne, je pense néanmoins qu'aujourd'hui, la plupart des juristes national-socialistes appliqueraient purement et simplement un autre jugement : ils déclareraient vraisemblablement qu'ils n'ont pas à se mêler de dispositions internes au droit *juif.* Il va sans dire qu'il ne s'agit pas ici de la question de savoir si les *sujets de l'État allemands de sang juif* sont soumis au droit du Choul'han 'Aroukh, mais du fait que dans un tel cas d'application d'un droit étranger, notre désintéressement à l'égard de ce droit étranger devient plus grand, et en conséquence, certaines applications de l'*ordre public* jadis en usage chez nous peuvent maintenant être laissées de côté. Cela vaut aussi, pour prendre un autre exemple, du principe du § 762 BGB, selon lequel les dettes de jeu ne peuvent donner lieu à une plainte en justice. Si, par exemple, un Anglais – dans le droit anglais, les dettes de jeu peuvent selon certaines circonstances donner lieu à plainte – poursuit un compatriote devant un tribunal allemand pour le paiement d'une dette de jeu née en Angleterre, il me semble que le tribunal allemand ne devrait plus, comme jusque-là, rejeter la plainte en se référant à l'*ordre public* allemand, parce que selon la conception des mœurs allemandes et en vertu de l'article 762 BGB les dettes de jeu ne peuvent donner lieu à plainte. C'est justement parce que nous disposons à nouveau de grandes distinctions authentiques et de principes que de tels cas de l'*ordre public* peuvent aujourd'hui être jugés autrement et de manière plus prévenante. L'émergence d'un grand principe nous aide à surmonter les exagérations et les ergoteries héritées en partie de l'émiettement juridique territorial du Reich allemand, et en partie d'une conception étatique de l'*ordre public* peu généreuse.

Nous réfutons donc tout parallèle avec des conceptions juridiques bolchevistes. Je les ai évoqués afin de mettre mieux en évidence la spécificité souvent méconnue de la pensée juridique national-socialiste et de la nouvelle législation national-socialiste. Mais, d'un autre côté, cela ne doit pas conduire à ce que le nouveau droit racial *(Rassenrecht)* allemand ne soit pas reconnu dans toute sa profondeur. Ce n'est pas comme si rien d'essentiel pour ainsi dire n'avait changé, tout simplement parce que, à la différence du bolchevisme, nous nous intégrons au cercle des peuples européens et de leurs anciens ordres existentiels aryens : mariage, famille, propriété et héritage. Et, plus particulièrement, je considérerais comme erroné que des cas et des argumentations ayant résulté de collisions de principes entre droit du mariage ecclésiastique et laïc soient transposés indûment à notre législation raciale selon le droit international privé. Il serait injuste de relativiser et de dépouiller ainsi de son poids spécifique la grande et nouvelle pensée de la conception national-socialiste du droit, la pensée de la race, en s'aidant de catégories neutres et formelles du droit international privé, pour déclarer par exemple : nous connaissons, dans le droit international privé, des interdictions de mariage de toutes sortes, par exemple l'interdiction du mariage qu'édicte le droit ecclésiastique, en raison de vœux spirituels ; nous avons beaucoup de cas de précédence dans lesquels le droit ecclésiastique du mariage entre en collision avec le droit mondain du mariage, et dans lesquels le droit mondain s'est imposé, en se référant à l'ordre public, à l'encontre de telles interdictions de mariage se faisant valoir de soi parce qu'elles émanent de législations étrangères ; et ces cas peuvent aussi être appliqués dans le cadre des interdictions raciales de mariage.

Face à de telles tournures de pensée, il est nécessaire que nous restions conscients de la *spécificité de la pensée de la race* de notre législation, et que nous nous souvenions de la grande différence entre interdictions de mariage religieuses et interdictions raciales. Lorsque, par exemple, la législation laïque a adopté ou reconnu la législation ecclésiastique d'un pays qui recommande le mariage religieux, et peut-être même interdit le mariage civil, alors l'intention n'est pas du tout d'empêcher un certain type de mariage, mais simplement de fixer une voie précise vers un type de mariage recommandé par le droit. En suite de cela, les nombreux cas de précédence dans lesquels les autorités d'un État se sont imposées par-delà de telles prescriptions de la législation ecclésiastique ne sauraient être utilisés à propos des interdictions de mariage relevant de la législation raciale, car le sens, la finalité et le ratio de l'interdiction raciale du mariage ne résident pas dans le fait de prescrire une certaine voie, mais bien d'empêcher un type précis de mariage, en termes de contenu et de qualité, et, en revanche, d'encourager d'autres genres de mariage. Mais même les interdictions spécifiques de mariage pour raisons spirituelles ne sauraient, sans autre forme de procès, être transposées, en tant que cas de précédence, aux interdictions de mariage raciales. Lorsque la législation d'un État interdit le mariage à un clerc catholique pour des raisons religieuses et ecclésiastiques, c'est parce qu'elle entend protéger par là un état du célibat. Son but n'est pas la protection du mariage comme tel, et encore moins son point de vue est-il celui de la protection de la descendance, comme cela est le cas dans la législation raciale sur le mariage et dans la législation sur la santé dans le mariage. De telles interdictions de mariage de type religieux et ecclésiastique sont, dans leur attitude fondamentale envers l'institution du mariage, si essentiellement différentes des interdictions de mariage raciales que ce serait une injustice, en se réclamant du caractère formel et neutre du droit international, de transposer simplement la réglementation des cas d'empêchements de mariages de clercs à des empêchements raciaux du mariage. Il importe donc d'éviter aussi bien une radicalisation internationaliste dans le style des idées bolchevistes qu'une transposition indifférenciée de processus plus anciens, mais étrangers aux considérations spécifiquement propres à la pensée de la race, hérités de doctrines ou de théories du droit international privé.

II

Je vais maintenant illustrer ces principes à l'aide de quelques *exemples*. Là encore, j'en appelle aux spécialistes et je demande leur indulgence. Qui connaît le matériau sait qu'il n'est pas possible de l'épuiser complètement, parce que des variations infinies sont pensables. Pour ce bref exposé, je dois me contenter de donner le schéma simple de cas typiques et de déterminer simultanément de manière claire et simple le point de vue national-socialiste. Aussitôt qu'est clarifiée la position de principe de la législation national-socialiste dans la question du droit international privé, il n'est pas difficile de surmonter les malentendus et de trouver un accord.

Je pars tout d'abord du traitement de l'*ordre public* allemand, autrement dit je parle du traitement qui doit résulter d'une approche national-socialiste du soi-disant *ordre public,* des bonnes mœurs ou quelle que soit la manière dont on veuille nommer cela, par rapport aux principes du DIP appliqués à une législation étrangère. Ainsi que j'y ai déjà fait allusion, nous allons redevenir magnanimes dans de nombreuses questions de l'*ordre public* et nous parviendrons à surmonter sans difficultés certains effets de l'ancien droit des collisions, qui en réalité n'était pas international, mais interterritorial. En outre, il va sans dire que, tout comme avant, les autorités de l'État national-socialiste respecteront les faits constitutifs et les relations de statut de la vie juridique internationale, et ce, principiellement, selon les règles du droit international privé. C'est pourquoi il va de soi que nous reconnaissions un mariage valablement contracté à l'étranger, tout comme est reconnu le mariage polygame d'un étranger vivant dans un pays dont le droit reconnaît la polygamie. De telles relations de statut fondées et usuelles à l'étranger sont reconnues par nous, comme c'est la pratique courante de tous les États. De la même manière est ici maintenue, pour les cas particuliers, la réserve de l'*ordre public*. Ainsi donc, rien de fondamental n'a changé à l'endroit du *fait accompli*[1] légal de l'étranger.

Mais la portée de la législation spécifiquement raciale conduit à des faits constitutifs nouveaux en matière internationale. Et c'est là qu'interviennent tout particulièrement les lois de Nuremberg pour la protection du sang allemand et de l'honneur allemand, telles qu'elles ont été promulguées le 15 septembre 1935. Ces lois de Nuremberg et les précisions de leur application ne parlent toujours, en protégeant le sang allemand, que de sujets de l'État allemands. Ainsi qu'on l'a formulé de manière pertinente, elles ne protègent le sang allemand que pour autant qu'il circule dans les veines de sujets de l'État[2] allemands. Elles ne vont jamais au-delà et évitent toute intervention dans le droit à l'autodétermination d'autres peuples et États.

1. En français dans le texte.

2. *N.d.T.* : le terme que nous traduisons constamment par *sujet de l'État* est celui de *Staatsangehöriger*.

Un exemple : lorsqu'un Juif domicilié à Berlin, qui a la citoyenneté allemande, dépose une demande devant l'état civil de Berlin dans le but d'épouser une étrangère aryenne, par exemple suédoise ou polonaise de sang germanique ou slave, il n'existe aucun empêchement à ce mariage dans le sens de la loi de septembre 1935. Cette demande sera acceptée sans le moindre problème par l'état civil de Berlin, parce que l'interdiction du mariage de la loi de Nuremberg ne protège que le sang des sujets de l'État allemands. Nulle part on n'ira au-delà de la protection du sang allemand de sujets de l'État allemands, et ce par respect *völkisch* pour l'autodétermination d'autres États et peuples. Il en va de même si un Juif de nationalité étrangère, un Juif français, anglais ou suédois, épouse une étrangère, juive ou non, devant les autorités compétentes en la matière. Il ne saurait ici être question d'un empêchement légal du mariage au sens de nos lois de protection de la race.

En revanche, il va sans dire que, si l'une des parties est de sang allemand et de nationalité allemande, l'interdiction du mariage doit être prononcée sans égard pour la citoyenneté du Juif. Nul empiétement en cela, car il y va de la protection de nos sujets de l'État.

Le Juif étranger comme tel ne nous intéresse pas, mais à tout citoyen allemand il est interdit d'épouser un Juif, quelle que soit la nationalité du Juif. En termes de droit international, c'est là une délimitation parfaitement claire et logique ; elle découle entièrement du caractère exclusivement *défensif* de notre législation raciale.

La loi du 18 octobre pour la protection de la santé du mariage interdit le mariage si l'un des fiancés souffre d'une maladie contagieuse qui peut laisser craindre des dommages, lorsque l'on est en présence de maladies mentales, maladies héréditaires ou autres. Beaucoup d'autres États ont des lois analogues sur la santé du mariage assorties d'interdictions pour des raisons de santé publique. Là encore, je me contenterai simplement d'attirer l'attention sur le caractère de part en part défensif de la réglementation allemande, qui apparaît particulièrement dans le § 5 de cette loi : les prescriptions de cette loi ne sont pas applicables si les deux fiancés, ou le fiancé mâle, possèdent une nationalité étrangère. Ici, également, le droit sanitaire allemand se met en retrait sans autre forme de procès, dès lors que les deux fiancés ont une nationalité étrangère ; ou même lorsque seul le fiancé mâle possède une nationalité étrangère, il n'y a pas là d'interdiction du mariage pour raisons sanitaires. Si un étranger malade veut épouser une jeune fille allemande, il n'y a en la circonstance pas d'empêchement du mariage au sens de la loi sanitaire allemande du 18 octobre 1935 sur le mariage.

Il peut exister des cas isolés qui sont si extrêmes que tout juriste compétent de n'importe quelle nation et de n'importe quel État que ce soit, et en fonction du cas précis, maintiendrait encore ouverte ici la possibilité, à l'encontre d'une détermination positive, d'un recours à l'*ordre public* pour ce cas précis. Mais, d'après la réglementation positive normale, le droit allemand se met en retrait dès lors que le fiancé mâle possède une nationalité étrangère. Là également, dans de tels cas internationaux, la législation raciale maritale allemande se contente de protéger le sang allemand de sujets de l'État allemands ; dans le cas de la santé du mariage, elle renonce même, comme je l'ai dit, si la partie mâle est étrangère, à protéger le sang allemand de la partie femelle. La position fondamentalement défensive de cette législation raciale a donc trouvé, en matière de traitement intra-allemand de l'*ordre public,* une réglementation positive claire, sur le sens et la direction de laquelle il n'y a pas à subtiliser. Le caractère fondamentalement défensif *völkisch* non pas seulement de ces lois mais de l'ensemble de la *Weltanschauung* national-socialiste apparaît ici de manière très convaincante. Dès lors, en fonction de ce savoir, toutes les autres complications et nuances diverses se résolvent sans peine, puisque le législateur national-socialiste a lui-même décidé de la majeure partie la plus difficile de l'ensemble de cette problématique.

2 / Le problème d'un *ordre public étranger* se faisant valoir contre la législation allemande sur la race et la santé du mariage concerne le cas où une autorité étrangère qui devrait, conformément aux règles du droit international privé, appliquer notre droit racial et marital refuse l'application de ces lois allemandes en se réclamant de l'*ordre public* non racial de son État. Ici encore, pour juger correctement d'une telle question, il faut prêter attention au fait que le législateur allemand a aménagé à un degré considérable ce qui eût été sinon le cas le plus difficile et le plus important d'une telle collision, et qu'en conséquence de la retenue de la législation allemande, le cas de collision n'intervient même pas. Dans le cas évoqué précédemment, par exemple lorsqu'un Juif de nationalité allemande épouse à l'étranger une ressortissante de cet État étranger, il n'existe aucune interdiction de mariage selon les déterminations de la loi allemande pour la protection du sang allemand du 15 septembre 1935. Le même Juif de nationalité allemande qui se présenterait devant l'état civil allemand dans le

but d'épouser une étrangère aryenne pourrait être marié, parce que nous ne sommes pas ici en présence d'une interdiction de mariage au sens de la législation de protection de la race. C'est pour la même raison que, dans un tel cas à l'étranger, on n'en vient même pas à une collision.

En revanche, d'autres cas typiques de maniement de l'*ordre public* sont pensables dans lesquels l'opposition entre conception raciale et non raciale du mariage conduit à une véritable collision de principes. Il s'agit avant tout des possibilités suivantes : un Juif de nationalité allemande épouse à l'étranger une citoyenne allemande de sang allemand, en contravention de l'interdiction conforme à nos lois raciales. Ou bien : un Juif de nationalité étrangère épouse à l'étranger une citoyenne allemande de sang allemand. Les deux cas sont distincts en ceci que, dans le premier cas, le Juif est de nationalité allemande, dans le second cas, de nationalité étrangère. Dans les deux cas s'applique l'interdiction de mariage de la loi du 15 septembre 1935 pour le citoyen allemand. Il serait ici possible, si l'autorité de l'État étranger fait une question de principe du problème racial, ou plus exactement de sa conception non raciale, que l'on en vienne à une application de l'*ordre public* et à une véritable collision entre les deux principes. Les cas ne peuvent être traités de manière générale, parce qu'il convient ici de distinguer entre *trois groupes d'États.*

1 / Le premier groupe est celui des pays de la *lex domicilii,* c'est-à-dire les pays dans lesquels le droit du mariage se détermine selon le droit du *lieu d'habitation,* donc principalement les pays anglo-saxons. Ils ne prennent absolument pas en compte le statut patriotique *(Heimatstatut)* et ne donnent par conséquent pas même droit de cité aux réserves

ou aux exceptions de l'*ordre public* ou de la *public policy*. Si les contractants ont par exemple leur domicile en Angleterre, il n'existe aucune collision de normes selon la *lex domicilii*, qui ne connaît pas la distinction raciale du droit du mariage ; un appel à l'*ordre public* n'entre pas en ligne de compte. On pourrait certes imaginer des cas de contournements de la loi *in fraudem legis agere*, mais ce seraient là une fois de plus des faits constitutifs d'un genre spécial. Si une autorité anglaise prononce un mariage permettant à un Juif allemand de conclure un mariage interdit en vertu du droit allemand, sans que les présupposés du droit anglais soient véritablement réalisés, alors nous sommes, selon le cas, en présence d'un comportement contraire au droit allemand en termes de droit des gens, mais pas d'un problème de l'*ordre public*. Le premier groupe, les pays de *lex domicilii*, n'entre donc pas en ligne de compte.

2 / Un second groupe est celui que forment les États contractants de la *Convention sur le mariage de La Haye du 12 juin 1902*. Outre l'Empire allemand, en font partie par exemple la Hollande, l'Italie, la Suède, la Suisse et d'autres pays. La Convention de La Haye sur le mariage est caractérisée par le fait qu'elle tente de réduire les possibilités d'appel à l'*ordre public*. Selon cette convention, c'est fondamentalement le statut patriotique qui doit s'appliquer. Conformément à la Convention de La Haye, les cas dont nous partons ici – un Juif de nationalité allemande épouse à l'étranger une citoyenne allemande de sang allemand, ou bien le Juif étranger épouse à l'étranger une citoyenne allemande de sang allemand – seraient jugés selon les lois raciales allemandes ; autrement dit, les autorités de l'État contractant seraient tenues d'appliquer les lois raciales allemandes. Un employé de l'état civil suisse, hol-

landais ou italien par exemple serait contraint, dans les cas cités, de refuser la publication des bancs et le contrat de mariage. Cette Convention de La Haye tente donc de limiter au maximum les appels à l'*ordre public* qui sont ressentis comme gênants dans les interactions du droit international privé. D'après l'article 3 de la Convention, la réserve de l'*ordre public* ne peut être invoquée exclusivement que contre des empêchements ou des interdictions de mariage motivés religieusement. Il en découle *a contrario* que dans les États contractants de cette Convention tout appel à l'*ordre public* est irrecevable s'il s'agit d'interdictions de mariage ayant un fondement racial ou biologique, ou eugénique ou analogue, et par conséquent aussi à l'égard de la législation national-socialiste. L'employé de l'état civil suisse, italien ou hollandais par exemple n'aurait pas le droit, dans les cas évoqués ici, de prononcer le mariage, et il ne pourrait pas, en se réclamant de l'*ordre public* de son pays, passer outre les empêchements du mariage selon le droit allemand. Ce cas est clair. Peu de temps après le 15 septembre 1935, les quotidiens ont rapporté qu'un officier de l'état civil hollandais avait refusé de marier un Juif allemand en se réclamant des lois raciales allemandes. Je n'ai pas pu savoir exactement quels étaient les détails de ce cas. Il y a eu une interpellation de la deuxième chambre hollandaise et une décision du ministre hollandais de la Justice sans qu'ait pu être établi clairement si l'homme ou la femme étaient de race juive ni de quelle nationalité étaient l'un et l'autre. Dans les cas qui sont les nôtres, nul doute n'est possible sur le fait que l'officier de l'état civil devait refuser ce mariage ; car en ce qui le concerne ce sont, selon la Convention de La Haye, les lois allemandes qui sont contraignantes pour les parties allemandes ; selon l'article 3 de la Convention de La Haye, il ne peut pas en appeler à une conception du mariage hollandaise, c'est-à-dire par principe *non raciale,* comme à une partie intégrante de l'*ordre public* hollandais. C'est d'ailleurs le point de vue qu'a défendu clairement et sans équivoque le ministre de la Justice hollandais dans sa réponse à l'interpellation.

3 / La véritable problématique intervient pour le troisième groupe. Ce sont les États dans lesquels s'applique, selon leur droit international privé, le statut patriotique, qui renvoie donc dans notre cas au droit allemand, mais sans que ces États se soient liés par contrat en ce qui concerne l'application ou le maniement de leur *ordre public.* En font avant tout partie la France et la Belgique dont on sait que, pour avoir les mains libres quant au maniement de l'*ordre public,* ont quitté la Convention de La Haye, la France en 1913 et la Belgique durant la guerre. Nous allons tout d'abord traiter le cas n° 2 : un Juif de nationalité étrangère épouse dans un pays du groupe 3, par exemple en Belgique, une citoyenne allemande de sang allemand. Il convient ici de distinguer clairement si ce Juif est citoyen de l'État de l'autorité concernée, dans notre exemple donc s'il est citoyen belge ou non. Car pour juger de la question ici fondamentale il importe de savoir s'il existe un véritable point d'ancrage et un authentique intérêt qui portent un État à faire valoir son *ordre public.* Ainsi donc, si un Juif de nationalité belge se présentait devant l'état civil belge avec une citoyenne de *race allemande* pour contracter un mariage qui tombe sous le coup de l'interdiction allemande, l'*ordre public* pourrait – selon certains cas de précédence, notamment français – être invoqué dans la mesure où il s'agit d'un ressortissant de cet État.

Ces cas concernent un mariage racial mixte *(Rassenmischehe)* entre un Français et une négresse de Louisiane, un État qui connaît depuis longtemps l'interdiction des mariages raciaux mixtes entre nègres et Blancs[1]. Pour la femme, la négresse, il y avait là un cas clair d'une interdiction de mariage raciale. Les tribunaux et les autorités françaises, en invoquant l'*ordre public* et les idées de 1789, sont passés outre cette interdiction raciale de mariage. Ce serait bien entendu un authentique cas de précédence, qui est également à prendre en compte eu égard à notre législation raciale. Du côté allemand, ce mariage ne serait en aucune façon reconnu, de même que toute partie allemande se mettrait là en faute, en tout cas selon le droit allemand ; néanmoins, le précédent, en termes de droit international privé, selon lequel un État étranger conclut un tel mariage, ce précédent serait reconnu. Le mariage serait donc nul selon le droit allemand, valide selon le droit belge. Nous aurions là le cas typique d'un mariage boiteux, d'un *matrimonium claudicans,* tel qu'il en existe beaucoup en raison de la collision entre législation ecclésiastique et laïque. Ce cas serait ainsi réduit à la catégorie reconnue en droit international de *matrimonium claudicans*. Mais si, dans notre cas, le Juif étranger qui épouse l'Allemande n'est pas ressortissant du pays dans lequel il se marie ; lorsque par exemple un Juif polonais ou roumain veut épouser devant l'état civil belge une citoyenne allemande, alors manque à mon sens un véritable point d'appui permettant à l'autorité belge d'invoquer l'*ordre public* belge. Dans un tel cas, je considérerais un appel à l'*ordre public* comme irrecevable en termes de droit

1. Clunet, 1885, p. 296 sq. (décisions du tribunal civil de Pontoise de l'année 1884). (Note de Carl Schmitt.)

international, car nous aurions là le cas d'une revendication *agressive* de l'*ordre public,* c'est-à-dire le détournant.

Le cas 1, en revanche, est à mon avis extrêmement simple. Lorsque deux sujets de l'État allemands, l'un juif et l'autre non, tentent par exemple de se marier dans un pays du groupe 3, lorsqu'un Juif de nationalité allemande veut épouser à Strasbourg une jeune fille de nationalité allemande, ce serait manifestement un maniement agressif de l'ordre public si l'officier de l'état civil français voulait prononcer le mariage en invoquant les idées de 1789 et les précédents mentionnés. Ce cas-là justement permet de bien reconnaître la différence entre une application agressive et une application défensive de l'ordre public. L'autorité belge ou française ne pourrait pas par exemple invoquer le fait qu'en Allemagne le mariage entre un juif français et une jeune fille allemande a été refusé. La différence est en ceci que l'autorité française ou belge – ici l'officier de l'état civil – devient *active* en prononçant le mariage et en émettant un acte officiel, tandis que, dans l'autre cas, l'officier de l'état civil allemand *décline* l'éventualité d'un tel contrat de mariage, et se conduit donc de manière *passive.* De manière évidente, il reste ainsi sur la défensive, alors que, dans le premier cas, l'invocation de l'*ordre public* sert à rendre effectif un mariage impossible et puni de prison en droit allemand. Cette différence entre un maniement agressif et défensif de l'*ordre public* n'a pas été assez clairement mise en évidence jusque-là dans le traitement de tels cas par le droit international privé. De la même manière, la différence des cas, l'un où le propre ressortissant de race juive d'un pays conclut un mariage avec une femme allemande et l'autre où il s'agit d'un citoyen allemand de race juive, montre la différence entre une attitude agressive et une attitude défensive. On ne pourrait pas non plus invoquer ici le fait que les autorités de tous les pays européens refusent de conclure un mariage polygame. Car là, également, il n'y a que le *refus* d'un acte inadmissible selon les conceptions morales européennes. Si un Égyptien et une Égyptienne voulaient contracter chez nous un troisième mariage recevable selon le droit musulman, nos autorités, tout comme assurément toutes les autres, refuseraient la publication et le contrat de mariage, en invoquant bien entendu l'*ordre public,* mais sans pour autant devenir actifs. Le cas que nous avons construit tout à l'heure, que soit conclu en France le mariage d'un Juif de nationalité allemande avec une citoyenne allemande de sang allemand, se rapprocherait alors plutôt de celui où, à l'inverse, l'officier civil ou les autorités d'un État musulman voudraient faire contracter un mariage bigame ou polygame entre par exemple un Européen et une Européenne, un Allemand avec une Française disons, et ce sous prétexte que le droit islamique serait plus humain et chercherait, par humanité, à préserver les gens des difficultés inhérentes au mariage monogame. Tel serait le véritable parallèle avec notre cas, rendant évident le caractère typiquement agressif d'une telle invocation de l'*ordre public,* et montrant que toute démonstration principielle de ce type contre la législation raciale allemande est irrecevable en droit international.

III

Permettez-moi, pour conclure, de récapituler en résumant la nouvelle situation. La réserve de l'*ordre public* est inextirpable, elle est aussi indispensable.

En dépit de toute critique justifiée des invocations abusives de l'*ordre public,* il reste que la réserve de l'*ordre public* comme tel est une émanation du droit à l'autodétermination et à l'auto-affirmation *(Selbstbehauptungsrecht).* C'est précisément parce que les États se respectent les uns les autres dans le droit public international qu'une telle réserve, qu'on l'appelle « ordre public », bonnes mœurs ou comme on voudra encore, sera toujours utilisée sous une forme ou une autre dans la pratique.

Mais la législation national-socialiste montre que c'est justement, en étant animé par l'idée du respect mutuel, que l'on peut parvenir à un règlement clair et simple qui obéit au principe du respect mutuel. Au sein du vaste domaine d'application de l'*ordre public,* il faudrait qu'intervienne une double restriction : tout d'abord quant au fait qu'une décision s'impose sur une question *fondamentale* de l'ordre existentiel *völkisch* dans un *cas spécifique concret.* Car une application justifiée de la réserve de l'*ordre public* n'est jamais dirigée *in abstracto* contre un principe, mais empêche dans un cas précis et dans une situation donnée un maniement concret par principe impossible du pouvoir étatique qui conduirait à une atteinte des principes de l'ordre existentiel *völkisch (völkische Lebensordnung)* propre. Il ne saurait être question de dresser un catalogue de telles questions. Toutes les tentatives pour énumérer les questions véritablement fondamentales en termes de constitution des faits sont nécessairement vouées à l'échec, parce qu'elles ne comprennent absolument pas le sens de la clause générale. Mais de telles mésinterprétations normativistes sont encore loin de réfuter pour autant, en pratique comme en théorie, la nécessité et la justesse de la clause générale.

La seconde restriction est que l'invocation de l'*ordre public* doit être fondamentalement *défensive.* Nous réfutons catégoriquement tout maniement de la réserve de l'*ordre public* qui présente un caractère agressif, de même toute démonstration ergoteuse contre les principes et la *Weltanschauung* d'un autre peuple. Dans le fond, la formulation de la cour du Reich en matière civile, vol. 60, p. 269, reste valable, selon laquelle la réserve de l'*ordre public* intervient lorsque l'application d'une loi étrangère serait une *agression* contre les *fondements* de l'ordre propre. La cour du Reich parle ici de « fondements » et d' « agression » ; ce sont les deux points de vue corrects à partir desquels on peut parvenir à une restriction raisonnable du maniement de cette réserve.

La réglementation législative positive allemande nous facilite la réponse aux questions les plus difficiles. Une fois que l'on a surmonté la première impression de nouveauté, l'énervement et la turbulence qui sont en général liés à l'apparition d'une pensée juridique nouvelle, une fois que l'on a surmonté le premier affect, malheureusement souvent artificiellement attisé de surcroît, on reconnaîtra qu'un éclairage nouveau tombe ici sur nombre de questions difficiles et souvent sources de conflits, du droit international privé. Je crois pour ma part que l'on ne tardera pas à reconnaître la retenue extrêmement mesurée de notre réglementation juridique. Elle repose sur l'idée de l'estime et du respect réciproque, mais elle demande aussi que la décision du peuple allemand en faveur de sa propre race *(für die eigenvölkische Entscheidung)* soit respectée. C'est là le principe naturel de toute réciprocité, sans lequel il n'existe absolument pas de droit des gens ni de droit international privé. La législation national-socialiste a démontré son sens des limites, y compris les siennes propres, son sens de la mesure et donc aussi son sens de la justice. Loin qu'une menace contre les bonnes relations internationales en droit privé serait à craindre, ce qui est créé ici est bien plutôt un fondement sûr et solide pour une collaboration fructueuse et prospère entre les juristes de toutes les nations.

ÉPILOGUE

Que faire de Schmitt aujourd'hui ?

Pour commencer, il me semble important de m'expliquer sur mes précédentes interventions concernant Schmitt, à la fois sur l'article paru dans *Le Monde* du 6 décembre 2002[1], et sur mes textes parus dans les numéros 6, 14 et 17 de *Cités,* dont certains accompagnaient la publication d'articles de Carl Schmitt[2]. Ces textes ont déclenché une polémique publique qui se développe encore autour du statut des textes de Schmitt et du type de lecture dont ils doivent faire l'objet. On m'a fait beaucoup de reproches depuis l'éditorial de *Cités,* n° 6 (2001) sur « La pathologie de l'autorité ». On m'a fait encore plus de reproches après l'article du *Monde* et mes autres interventions dans *Cités,* comme si ce que je disais de Schmitt était impudique, comme s'il fallait laisser certains aspects de cet auteur dans l'ombre pour que le reste de ses écrits puisse être utilisé

1. Son titre était « Carl Schmitt, nazi philosophe ».

2. Yves Charles Zarka, « Carl Schmitt : la pathologie de l'autorité », in *Cités,* n° 6, 2001, p. 3-6 ; « Carl Schmitt, le nazi », in *Cités,* 14, 2003, p. 161-164 ; « Carl Schmitt après le nazisme », *Cités,* n° 17, 2004, p. 145-148. Le n° 14/2003 de *Cités* comportait également la traduction, réalisée par Mira Köller et Dominique Ségard, de deux des textes les plus effrayants de Carl Schmitt, « Le Führer protège le droit. À propos du discours d'Adolf Hitler au Reichstag du 13 juillet 1934 » et « La science allemande du droit dans sa lutte contre l'esprit juif » (1936). Le n° 17/2004 de *Cités* comportait une traduction, réalisée par Denis Trierweiler, de passages compromettants du *Glossarium,* le journal de Schmitt entre 1947 et 1951, ainsi qu'un dossier complet (avec des contributions de Dominique Séglard, Nicolas Tertulian, Hugues Rabault et Denis Trierweiler) sur la manière dont Schmitt fait l'objet d'un blanchiment un peu partout dans le monde et en particulier en France aujourd'hui.

en toute bonne conscience intellectuelle. Mais les réactions ont commencé à changer avec la publication en traduction française des deux textes nazis de Schmitt parus dans *Cités* n° 14, « Le Führer protège le droit. À propos du discours d'Adolf Hitler au Reichstag du 13 juillet 1934 » et « La science allemande du droit dans sa lutte contre l'esprit juif » (1936). L'accès à ces textes comme aux passages compromettants du *Glossarium*[1] a conduit un nombre certain de personnes à penser qu'une relecture des textes de Schmitt était nécessaire. La participation active du juriste au régime nazi ne pouvait plus être considérée comme un accident ou une erreur, ni même comme une faute lourde mais accidentelle. Il s'agit de bien pis que cela : comme on l'a vu, du développement par Schmitt d'idées meurtrières, comme celle de l'ennemi substantiel, ennemi qui sera toujours ennemi et qu'il faut par conséquent parquer, dans un premier temps, pour s'en protéger, puis supprimer, éradiquer, exterminer. On apprécie souvent mal la force des idées dans le changement des comportements individuels ou collectifs. La barbarie nazie, la réalité du génocide, a été possible dans l'histoire du XXe siècle parce qu'elle avait d'abord été pensée et admise par certains comme possible, voire comme souhaitable. La pensée de Schmitt va dans cette direction de l'ignominie, je tâcherai de le montrer dans la suite de mon propos.

Disant cela, vous comprendrez que mon intention n'a jamais été, ce que certains m'ont reproché pourtant, de censurer les textes de Schmitt ou d'empêcher qu'ils soient publiés ou lus. Il faudrait que je sois bien naïf et même tout à fait sot pour prendre une telle position. Ma démarche est

1. Cf. la note précédente. Carl Schmitt n'a jamais condamné le régime nazi, ni simplement exprimé un quelconque repentir concernant son engagement nazi. Il a en revanche condamné les Américains pour leur « criminalisation » de la guerre allemande. Les criminels ne sont pas les nazis, mais les Américains : bravo Schmitt ! Tel est l'un des thèmes utilisé par lui, mais il y en a beaucoup d'autres, pour tenter de s'absoudre de sa responsabilité dans le régime nazi auprès de l'élite intellectuelle d'après guerre. Entre cent autres passages de ce genre on peut lire sous la plume de Schmitt, dans le *Glossarium,* à la date du 25 avril 1949, cette phrase répugnante après les camps d'extermination : « À vrai dire, qu'est-ce qui était plus malpropre : de s'engager en 1933 pour Hitler, ou de lui cracher dessus en 1945 ? » (*Cités,* n° 17, 2004, p. 195).

exactement le contraire ; elle consiste à dire qu'il importe de mettre à la disposition du public *tous* les textes de Schmitt, y compris ceux de la période nazie et ceux qui prolongent ces positions après le nazisme. Cependant je pense qu'il ne faut pas transformer l'édition des textes ou la rédaction d'études critiques en entreprise de blanchiment, soit en ne disant mot de l'engagement nazi de l'auteur, soit en en parlant pour se dédouaner en quelque sorte et pour ne plus y revenir, soit en neutralisant le texte, soit en expurgeant des citations les passages compromettants[1], etc. Lorsque l'on connaît la profondeur de l'engagement de Schmitt dans le nazisme, il devient impossible de parler de ses textes, sans en révéler les ressorts internes, comme s'ils relevaient de prises de positions purement théoriques d'un professeur de droit public. Il devient également impossible de parler de lui, sans inventaire, comme du plus grand constitutionnaliste ou du plus grand penseur politique du XXe siècle. Ce qu'un bon nombre d'intellectuels ont fait ou continuent de faire en France et ailleurs.

Par conséquent, ce que je dis, c'est qu'il faut éditer Schmitt et l'éditer entièrement, pour que chacun puisse savoir qui il a été et ce qu'il a pensé. Mais une édition n'est jamais neutre, il importe donc de se garder de la donner pour telle. Autrement dit, il importe au plus haut point d'apprécier les relations explicites ou implicites d'un texte avec les autres, parfois écrits à la même époque, c'est le cas du *Nomos de la terre* et du *Glossarium,* mais aussi avec les engagements de l'auteur et les modes de justification de ceux-ci. Il importe, je le répète, que l'édition et l'interprétation ne prennent pas la forme d'une réhabilitation intellectuelle. Ces recommandations ne sont en rien exorbitantes, elles sont même liées aux principes critiques nécessairement associés à toute connaissance historique.

1. Je conseille au lecteur de lire la recension particulièrement significative à cet égard de l'édition d'André Doremus du *Ex Captivitate Salus* de Schmitt (Vrin, 2003) par Denis Trierweiler, « Une étrange édition : Schmitt expurgé », in *Cités,* n° 17, 2004, p. 173-179. Cf. également les analyses données dans le même numéro de *Cités* par Nicolas Tertulian, Dominique Séglard et Hugues Rabault.

Le fait qu'un vif débat ait lieu actuellement en France est à soi seul le signe d'un changement d'état d'esprit. J'espère que de ce débat sortira une définition plus exacte, une définition critique du rapport que nous devons avoir au texte du juriste allemand. Mais, si le débat est si vif, c'est aussi pour d'autres raisons. Je me contenterai ici d'en mentionner une. Il y a eu traditionnellement un courant pro-schmittien d'extrême droite. Cela ne surprendra personne. Carl Schmitt y est revendiqué par le courant auquel il a appartenu. Mais le phénomène nouveau, ou relativement nouveau[1], est que l'adhésion aux thèses de Schmitt vienne aujourd'hui des milieux intellectuels de la gauche et de l'extrême gauche. Alors qu'il était absolument impossible que dans les années 1960 ou 1970 de tels courants se réfèrent à un penseur qui a eu partie liée avec le nazisme, aujourd'hui il en va tout autrement. Comment comprendre la séduction qu'exerce la pensée de Schmitt sur les milieux intellectuels de gauche ? La raison principale en est, je crois, la crise très profonde de la pensée de gauche postmarxiste. Par rapport à une pensée marxiste démonétisée, décrédibilisée, désormais incapable de susciter la moindre adhésion intellectuelle, un bon nombre de positions schmittiennes apparaissent comme pouvant offrir un substitut. Tout se passe comme si Schmitt fournissait une version renouvelée, revigorée, exprimée en d'autres termes, de thèses et de thèmes antérieurement soutenus dans le cadre de la pensée (et du combat) marxiste. Il en va ainsi pour la critique du libéralisme, du parlementarisme, de la représentation, de la formalité des droits de l'homme, mais également pour la centralité du thème de la lutte ou de la guerre dans l'histoire, la question de l'ennemi (l'ennemi de classe, l'étranger), etc. Sur tous ces points, et d'autres, Schmitt apparaît comme un auteur susceptible de prendre le relais de Marx, de fournir un appareil conceptuel de substitution pour défendre les mêmes positions ou combattre les mêmes adversaires. C'est le ressort interne qui me paraît sou-

1. Ce phénomène assez nouveau en France existe depuis plus de vingt ans en Italie.

tenir l'intérêt et la séduction que sa pensée exerce sur une partie de la gauche et de l'extrême gauche intellectuelles. L'époque des maîtres-penseurs n'est pas dépassée. Elle devient même vraiment inquiétante lorsque celui qui est promu au rang de maître-penseur d'une partie des intellectuels est celui-là même qui, quelques décennies plus tôt, a conduit ceux qui l'ont suivi, pour reprendre l'expression du grand juriste allemand Erich Kaufmann, « dans la fange du nihilisme et de sa variante national-socialiste »[1].

1. Cf. *Cités,* n° 17, 2004, p. 156.

Table des matières

Collection « Intervention philosophique »

DE KONINCK Thomas, *La nouvelle ignorance ou le problème de la culture,* 2e éd., 2001.

DELACAMPAGNE Christian, *Islam et Occident, les raisons d'un conflit,* 2e éd., 2003.

DRAÏ Raphaël, *La France au crépuscule,* 2004.

ELLUL Jacques, *Islam et judéo-christianisme,* 4e éd., 2004.

FLEURY Cynthia, *Dialoguer avec l'Orient,* 2003.

LAUGIER Sandra, *Recommencer la philosophie. La philosophie américaine aujourd'hui,* 1999.

MAGNARD Pierre, *Questions à l'humanisme,* 2000.

MATTÉI Jean-François, *La barbarie intérieure,* 3e éd., 2001. Réédition « Quadrige », 2004.

MATTÉI Jean-François, ROSENFIEL Denis (sous la dir.), *Civilisation et barbarie. Réflexions sur le territorisme contemporain,* 2002.

MICHAUD Yves, *La crise de l'art contemporain,* 5e éd., 1999. Réédition « Quadrige », 2005.

TRIGANO Shmuel, *La démission de la République. Juifs et musulmans en France,* 2003.

VIEILLARD-BARON Jean-Louis, *La religion et la cité,* 2001.

WUNENBURGER Jean-Jacques, *L'homme à l'âge de la télévision,* 2000.

ZARKA Yves Charles, FLEURY Cynthia, *Difficile tolérance,* 2004.

ZARKA Yves Charles (sous la dir.), *Faut-il réviser la loi de 1905 ?,* 2005.

ZARKA Yves Charles, *Un détail nazi dans la pensée de Carl Schmitt,* 2005.

ZASK Joëlle, *Art et démocratie. Peuples de l'art,* 2003.

Imprimé en France
par Vendôme Impressions
Groupe Landais
73, avenue Ronsard, 41100 Vendôme
Avril 2005 — N° 52 153